Vincenzo Salemme

SOGNI E BISOGNI
... INCUBI E RISVEGLI

MONDADORI

http://www.mondadori.com/libri

ISBN 88-04-49410-7

I edizione ottobre 2002

Indice

Sogni e bisogni
... incubi e risvegli

«Piacere, tronchetto della felicità!»

Cara lettrice o caro lettore,

purtroppo dalle pagine di questo libro non posso vedere di che sesso sei, ma non ha importanza. Io voglio parlare a tutti e due i sessi, poiché è a entrambi che devo rivolgere i miei appelli, le mie preghiere, le mie richieste. È a tutti e due che voglio lanciare i miei ultimatum! È a entrambi che voglio regalare i miei preziosi consigli. Giustamente vorreste sapere chi sono. Bene, mi presento subito. Che siate maschi o femmine, in ambedue i casi posso dire che io, tenetevi forte, sono il padre dei vostri figli!

Ora i maschi stanno certamente pensando male delle proprie mogli, convinti di essere stati traditi, e le mogli si stanno chiedendo se io non sia un amante in vena di ricatti. Niente di tutto questo! No, non tranquillizzatevi perché quello che vi devo dire sarà molto più antipatico di qualsiasi mediocre pettegolezzo.

Innanzi tutto vi spiego perché affermo di essere il padre dei vostri figli. Avete presente la Smorfia, quella che si usa a Napoli quando si gioca al Lotto... no, non quella smorfia che avete adesso sul volto, la Smorfia che quando si gioca a tombola... Nossignore, levatevi quella smorfia dal volto... Come? Ah, quella è la vostra faccia al naturale? Mi dispiace, condoglianze!

Ve l'ho detto che sono antipatico.

Ah, un'altra cosa, sono napoletano, quindi userò una forma di scrittura che risente di questa mia provenienza. Non solo mi servirò di qualche vocabolo napoletano, ma anche la forma sintattica subirà l'influenza della lingua partenopea. Quindi, se non siete napoletani, provate a leggere queste pagine immaginandole recitate da qualche attore napoletano che vi sta particolarmente a cuore e il tutto vi apparirà meno indigesto.

Ma torniamo alla definizione: padre dei vostri figli.

Io sono il padre…

Questa definizione l'ho usata per la prima volta quando ho lasciato il corpo del mio proprietario. Era una mattina di agosto, il giorno di Ferragosto per la precisione. Lui era preso dai conti delle bollette della luce, del gas ecc. Vi rendete conto: le bollette a Ferragosto! Quando tutti se ne stavano al mare, compresa la moglie e i figli, lui era rimasto a casa per controllare ancora una volta i conti delle bollette.

Certo, adesso molti tra voi stanno pensando a lui con tenerezza, perché siete buoni voi… E a me? Non ci pensate, a me? Ah, giusto, se ancora non sapete chi sono come fate a capire i miei problemi!? Quello che è giusto, è giusto.

Io sono colui che è sempre stato nell'ombra, ma che adesso si è stufato di vivere in questo stato di prostrazione in cui ci mettete voi maschi… maschi, insomma… voi. Io sono colui che gli umani hanno ribattezzato con orrendi nomignoli quali «pisellino» o «pistolino»: non usate mai questi vezzeggiativi con me. Se mi volete chiamare, se volete continuare a parlare con me senza farmi arrabbiare, allora chiamatemi *tronchetto della felicità*! Sì, proprio così, come la pianta. Perché regalo gioia e amore in cambio di nulla, perché sono l'essere più disinteressato che esista su questa Terra, perché me ne sto al buio da sempre addossandomi tutte le colpe del mondo, dal peccato di Adamo ed Eva fino ai giorni nostri dove mi si accusa di essere all'origine di tutte le nevrosi, le debolezze e le paure dei maschi. E se prima si diceva che a causa mia i maschi erano aggressivi e assatanati, adesso mi si accusa di avere indebolito il desiderio, di avere annacquato la libido, di avere mosso la mano dei tiranni impotenti... e insomma basta!

Non ne posso più, io sono qui solo per fare il mio lavoro, e se me lo lasciate fare, bene, altrimenti preferisco essere «tagliato» fuori dalle vicende umane, preferisco infischiarmene, preferisco che al mio posto ci sia una protesi disegnata da un bravo stilista o da un buon architetto. E se non ci sono i soldi per pagare questi professionisti, gli uomini potranno rivolgersi a un onesto geometra che disegnerà per loro un mio sostituto dalle forme più svariate, magari semovente, gonfiabile, allungabile e, soprattutto, detraibile dalla dichiarazione dei redditi...

Amo la pulizia

Il mio ex proprietario, l'uomo al quale ero attaccato fino a pochi giorni fa, si chiama Rocco Pellecchia. Fa l'impiegato, ma non voglio specificare il tipo di lavoro perché vorrei parlare a nome di tutti i miei «colleghi», di tutti quelli che fanno parte del corpo di un padrone come il mio, squallido, un uomo senza speranze, uno di quegli uomini che tengono il cellophane sui sedili dell'auto per quindici anni, uno di quelli che hanno smesso di sperare in una vita diversa, uno di quelli che danno tutto per scontato, me compreso, di quelli che – parlando del proprio «inquilino del piano di sotto» – dicono: «Tanto tu stai là, chi ti muove a te di là!». E invece no, la vita è piena di sorprese: ecco che cosa gli è successo un giorno di agosto quando alle sette del mattino mi sono presentato davanti a lui in forma umana e gli ho annunciato che lo avrei lasciato...

In un primo momento non mi ha creduto e mi ha scacciato dandomi del delinquente. Ma poi ha portato la mano sotto il ventre e... io non c'ero più, ventre piatto! Allora mi ha inseguito per le scale del palazzo implorandomi di tornare, ma io ero già per strada a respirare l'aria ancora fresca che si sarebbe surriscaldata di lì a poco con il solleone. Ero libero, finalmente libero. Libero da quell'uomo che mi opprimeva, che si lavava troppo poco, «tanto chi vuoi che se ne accorga!».

Io! Come, chi vuoi che se ne accorga? Io, che amo fare il bagnetto almeno due volte al giorno, che adoro sguazzare e tuffarmi e specchiarmi nell'acqua chiara, e mi piacerebbe avere tante paperelle intorno per poterci giocare. Mi auguro che i maschi non la pensino tutti come il mio Rocco che, figuratevi un po', nei mesi freddi (che per lui vanno da settembre a maggio), al mattino si lava solo il viso e poi esce di casa per andare al lavoro tenendo il pigiama sotto i vestiti. Vi rendete conto? Tra mutande di lana, calzamaglia, pigiama di flanella, pantaloni di velluto, mi sentivo soffocare. E poi, tutti ammassati, nell'autobus con le facce scure, lo sguardo spento dall'egoismo e dalla paura di perdere la battaglia per la conquista del posto... Già, perché il mio ex saliva sul 719 rosso, scendeva dopo cinque fermate, prendeva poi la metropolitana e infine la funicolare: in tutti i casi era costretto a combattere la battaglia per il posto a sedere. Non potete sapere come era felice quando riusciva a fare il tris, manco avesse vinto la lotteria! E io soffocavo sempre di più perché lui, per correre al seggiolino libero, non badava mica a me, mi faceva sbattere contro i sedili, mi spingeva contro le borse di finta pelle di passeggeri che non esitavano a colpirmi con cattiveria. Rocco era indifferente a tutto questo, mica le pigliava lui le botte in testa. Il posto a sedere lo vincevano quasi sempre i maschi e le donne incattivite dall'invidia, un'invidia atavica per quelle più belle che hanno vita facile... ma dove? Quando? In quegli autobus, neanche se fosse salita Sabrina Ferilli le avrebbero ceduto il posto! Che gliene importava a quei maschi delle donne? Nulla, proprio nulla. Agli uomini non gliene frega proprio più niente delle donne. Ma lasciamo stare e torniamo alla pulizia del mio padrone. Un tempo i genitori insegnavano ai figli che la pulizia intima era importantissima per la dignità della persona: «Se uno sviene per strada e lo portano in ospedale, che figura ci fa quando lo spogliano se non lo trovano in ordine?». Ecco, questo concetto, per il mio Rocco, e per la maggior parte dei suoi simili, non conta più un fico secco. Ma io dico, non se uno sviene, ma se gli capita un'avventura con una bella donna? "Una donna che accetta un'avventura improvvisa di sicuro non sta a sottilizzare sulla pulizia di un uomo!" Questo pensa la maggior parte dei maschi, ed ecco perché, credetemi, le avventure sono molto meno frequenti di quanto non si racconti. Il mio Rocco non è mai stato prodigo con l'altro sesso. A sentire sua mamma erano tutte puttane, tutte interessate. A che cosa, poi? La famiglia Pellecchia era una famiglia come tante. Il padre di Rocco impiegato nella stessa azienda nella quale poi avrebbe introdotto il figlio; la mamma casalinga. Solo la casa dove abitavano era di proprietà, tutto qui! Che cosa avevano da essere interessate quelle donne?! E poi: «Attento che vogliono solo rimanere incinte. Poi, una volta "piene" ti trattano come uno schiavo».

Ecco come è cresciuto il povero Rocco, ecco perché lui le donne le voleva vergini, non solo fisicamente ma anche moralmente e mentalmente. Ed ecco perché sono rimasto all'asciutto per quasi trent'anni fino a che abbiamo conosciuto Rita.

Rita, la moglie

Rita, la sua attuale moglie, quando conobbe Rocco era una ragazza di vent'anni, di animo gentile, nemmeno brutta, anzi, che amava davvero, chissà perché, il mio povero Rocco. Forse perché, quando conobbe Rita, lui era appena stato trasferito a Cinisello Balsamo e, lontano dalla mammina, si sentiva solo ma stranamente felice, e si sentiva in colpa per questo, si sentiva un traditore; e così, forse, Rita si intenerì e fece il più grande sbaglio della sua vita. Questo è il mio primo consiglio alle donne: «Non fidatevi mai degli uomini che vi ispirano tenerezza: sono senz'altro dei sadici truccati da masochisti che vi chiederanno sempre di più, senza pietà, e, quando non avrete più nulla da dargli, vi terranno nella cuccia più vecchia, come si fa con i cani quando arriva il nuovo cucciolo».

E infatti Rocco ha commesso con Rita lo stesso errore che ha commesso con me: dare tutto per scontato. Solo che, diversamente da me, Rita non ha avuto il coraggio di mollare tutto e andare via, ma ha cercato solo scappatoie, magre rivincite, piccole fughe, i corsi in palestra, la spesa dal salumiere più costoso di Cinisello, qualche invito alle feste del sindaco o del tale assessore... tutto meschino, mai niente di eclatante, che potesse scuotere le acque stagnanti della loro squallida vita. Una Madame

Bovary di quarta serie. Eppure avrebbe dovuto capire, Rita, che qualcosa non andava quando, dopo un solo anno di matrimonio, il caro Rocco aveva preso la pessima abitudine di rientrare a casa dal lavoro e mettersi immediatamente in pigiama e pantofole, trascinandosi manco fosse in un ospizio.

Ecco, a questo punto io vorrei lanciare il mio primo appello contro il conservatorismo postmatrimoniale.

Il matrimonio

Che cosa intendo per «conservatorismo postmatrimoniale»? Da parte dei maschi, almeno fino a qualche anno fa, c'era la classica arroganza del marito che dà per scontate tante cose a cominciare dalla sicurezza che la moglie non possa piacere a un altro uomo. Questo dogma rendeva tranquilli i mariti fino al punto che per moltissimi anni c'è stata tutta una fioritura di barzellette nelle quali le mogli fedifraghe potevano avere solo amanti ciechi. Quante volte nei bar, frequentati esclusivamente da maschi, si sentivano battute sulla proverbiale bruttezza o sull'insopportabile apprensione delle mogli... E tutti ridevano, persino le cameriere di quei bar, donne anch'esse ma accettate come complici nel giro goliardico di questi «bravi mariti» che poi, scherza scherza, si sarebbero buttati nel fuoco per i figli (per i figli, mai per le mogli). In quegli anni, la nostra vita, la vita di noi tronchetti, intendo, procedeva tranquilla, senza scossoni, senza grandi emozioni. I nostri capi, seppure nella mediocrità, vivevano un'esistenza serena, piena di certezze: le mogli stanno a casa con i figli, gli uomini al lavoro, la sera al bar, una volta al mese si può andare a puttane... Insomma erano assodate tante cose e, se qualcuno trasgrediva, veniva estromesso dal giro. Poi è successo qualcosa alle mie cuginette, le inquiline del piano di sotto, come chiamarle? A me piacerebbe «sfogliatelle ricce». Che ne dite? Fatemi sapere se vi piace. Comunque, qualche sfogliatella riccia deve essere passata all'azione, come sto facendo io adesso. Qualcuna di loro si deve essere stufata e deve avere messo alle strette la propria signora costringendola a prendere posizione contro questo andazzo. Deve essere cominciata così la cosiddetta emancipazione femminile. Devono essere nate così le leggi sul divorzio e sull'aborto. Insomma, le donne hanno cominciato a rivendicare il proprio ruolo, come sto facendo io adesso. Come me, neanche loro volevano essere date per scontate.

Basta con la moglie che ti aspetta, che accetta, che giustifica, che comprende. Era in arrivo la moglie che reagisce, che pretende, che vuole essere corteggiata anche dopo il matrimonio. Basta mariti in pigiama alle cinque o alle sei del pomeriggio. Basta mariti che con finta generosità d'animo dicono alle mogli: «Perché ti vuoi vestire? Che t'importa? Dove devi andare, a ballare? Rimani pure in vestaglia». Quelle belle vestaglie beige pallido, con le macchie di cappuccino, di pomodoro, di farina vecchia... Oppure quei mariti che la domenica vogliono sentirsi in libertà e si mettono in tuta, e costringono pure le mogli a mettersi in tuta – quelle tute luccicanti come una motocicletta sotto le quali, anche indossate da un'anoressica, si materializzerebbero celluliti inesistenti, e che farebbero diventare mediterraneo persino il sedere di Eva Herzigova.

Basta! Basta! Basta!

Questo devono aver gridato le mie cugine. Così le mogli hanno cominciato a fare uso di un'arte che solo coloro che hanno dovuto subire per troppo tempo sanno esercitare così bene: l'arte del mistero o, meglio, il ricatto del mistero. Le donne, cioè, hanno iniziato a minare le sicurezze degli uomini con l'imprevedibilità: «Vai pure domenica con gli amici, tanto ho da fare anch'io...», e in quel «ho da fare» quante allusioni! Il sospetto si è fatto strada a poco a poco nelle menti maschili disabituate al cambiamento, all'imprevisto, al non scontato. I maschi hanno cominciato ad avere paura che tutto potesse accadere, anche tornare a casa e trovare la moglie già decisa al divorzio: ho già parlato con l'avvocato che ti aspetta per firmare, è tutto a posto, vedrai i bambini due volte al mese, la casa la tengo io perché ho le foto di un tuo incontro con un'altra donna...

La crisi del maschio

Con questa definizione si tenta praticamente di sbrigare una faccenda molto più complicata gettando la croce su di me e sui miei colleghi accusandoci di non fare il nostro dovere. Questo non è giusto, ma soprattutto non risponde al vero!

Con il mio Rocco, per esempio, sono anni che non ci parliamo, anni che non ricevo un'attenzione, un gesto di affetto, una carezza...! Ma nemmeno uno sguardo amorevole, che non mi faccia sentire solo, laggiù, in quel bassoventre così buio, così proibito, così peccaminoso. Una vita passata a sentirsi in colpa, sporchi, vietati, diabolici… E adesso pretendete che noi facciamo il nostro dovere?! Allora prendetevi più cura di noi, provate a capire di che cosa abbiamo bisogno… Lo sapete che io, solo nell'ultimo anno, ho tentato il suicidio dieci volte, con l'elastico delle mutande? Non ci sono riuscito solo perché anche l'elastico si è allentato. E ci credo! Compra mutande troppo economiche: cinque euro diciotto paia! E quando chiede lo sconto gliene regalano due… Ma che mutande possono mai essere a quel prezzo! Perché non mi compra un bel capo di seta, di lino, di cotone? No, lui ama l'acrilico. E non si rende conto che con l'acrilico si prende la scossa... Certe volte, fuori piove, quell'incosciente si mette le scarpe con la gomma sotto, e là dentro è un elettroshock!

Ma poi non è solo questo... vedete, è la vita che fa Rocco che ha spento ogni mio entusiasmo, ogni mia ragione di vivere...

Eppure una volta...

Una volta non era così, una volta eravamo più uniti. Come ci siamo divertiti quando eravamo giovani! Quante scorribande! Erano voli pindarici sulle ali della fantasia, avventure erotiche sulle onde dell'immaginazione. Insomma, un fatto più mentale, anzi solo mentale. Ma io ero felice perché mi sentivo protagonista di quei sogni, di quelle avventure, di quelle illusioni... la vita era piena di sorprese, di emozioni, di sentimento! Non c'erano il piattume e il grigiore che attanagliano la nostra esistenza attuale, no. Eravamo leggeri, gioiosi. Il Rocco che vedete adesso, queste quattro ossa annichilite dal tempo e dalla paura, quest'omino sempre impigiamato, una volta aveva un cuore da leone, da guerriero, con gli occhi assetati di futuro. Novello Ulisse capace di avventurarsi nell'arcipelago di Utopia tra marosi schiumeggianti, lasciava che il suo cuore esplodesse come un vulcano nelle notti buie e squarciava il cielo come fuochi d'artificio che brillano nell'acqua di Mergellina. Le nostre urla di gioia echeggiavano gioconde e i nostri respiri si intrufolavano tra corde di violino tese nel vento fresco e il loro suono faceva imbizzarire i nostri cavalli e li faceva correre fino a farne scoppiare i muscoli schizzando l'erba imperlata di rugiada che si posava al mattino quando finalmente giungevamo a orizzonte, là dove il cielo può ritornare al mare!

Lo so, vi state chiedendo come mai parlo così bene... È stato perché Rocco, da ragazzo, non ha mai amato i libri e a scuola li teneva sempre buttati sotto il banco e così, io, dalla mia posizione...!

Sogni e bisogni

Comunque, adesso, tutto è cambiato. Rocco è un uomo rassegnato, non ha più speranze, non ha più illusioni, ha paura dei suoi stessi sogni, perché non si avverano dice... Ma è quello il bello dei sogni, che forse non si avvereranno, altrimenti si chiamerebbero programmi!

Ecco cosa ci ha portato alla crisi, secondo me: il distacco affettivo tra noi tronchetti e voi maschi. Una volta, almeno, i cantanti ci dedicavano una canzone. Come quella bellissima di Baglioni: *Passerotto non andare via*... Anche grandi poeti come Leopardi ci hanno dedicato bellissime poesie: *Il passero solitario*... Adesso è tutto finito, tutta la fantasia degli uomini annega nei bisogni! Ormai, voi maschi, siete talmente schiavi che una vita diversa da quella che fate non riuscite nemmeno a immaginarla. Tanto che, se pure arrivasse il genio della lampada e vi chiedesse di esprimere tre desideri, non sapreste cosa chiedere... Non ci credete? Provate, provate a immaginare cosa vi renderebbe felici: vedrete che almeno il 99 per cento di voi chiederà il denaro, solo il denaro, come se bastasse quello a rendere felice una persona, a rendere noi tronchetti efficaci. Sì, il denaro vi permetterebbe di sedurre quanto meno le donne venali, ma non potrebbe mai compiere il miracolo di farci funzionare. Nemmeno con quelle donne, che potrebbero fingere orgasmi inesistenti per accontentarvi.

No, c'è bisogno di ben altro per rimetterci in sesto.

Intanto vi lascio al gioco dei tre desideri, fatelo con un vostro amico, con la vostra compagna, insomma fatelo con qualcuno, tenendo presente una regola però: che i tre desideri siano concatenati l'uno all'altro. Il che comporta un rischio, il rischio della ripercussione, poiché dovete immaginare che se vi accadesse qualcosa nel primo desiderio che avete scelto, ne portereste le conseguenze sul secondo che pure avrete già scelto... Eh sì, perché i tre desideri devono essere elencati tutti insieme e solo in seguito potrete verificare se la scelta è stata felice o meno. Facciamo un esempio concreto, altrimenti è difficile capire... Scegliamo il più banale: "Voglio essere ricco, bello e famoso"... Benissimo. Potreste diventare ricchi e avere tutte le donne che volete, ma non saprete mai se stanno con voi per denaro o per amore. E non solo le donne: non sarete nemmeno sicuri degli amici e così vi sentirete soli e sarete vulnerabili, mal consigliati, commetterete errori, farete affari sbagliati e magari vi ritroverete sul lastrico... Ed è la volta del secondo desiderio, quello che vi vede belli... Belli sì, ma sempre poveri, poiché ciò che vi è accaduto nel primo desiderio si ripercuoterà anche sul secondo... Quindi sarete belli ma poveri. Ora, questo non sarebbe un gran male se foste sicuri di voi stessi, ma la povertà sopraggiunta in maniera così drammatica vi renderà incerti, diffidenti, sospettosi e vi farà o almeno vi potrebbe far percorrere qualche brutta strada, vi costringerà, o almeno potrebbe costringervi, a prendere qualche brutta scorciatoia e così vi ritroverete addirittura in galera e magari per qualche grosso scandalo, che vi renderà famosi. E a quel punto, troppo tardi ormai, vi rendete conto di essere arrivati, senza saperlo, al terzo desiderio.

Buon divertimento!

Il mio incontro col genio

Vi ho già detto che sono fatto come un uomo? Sì, mi sono materializzato sotto forma di uomo. Un maschietto mica male, sì, tanto la fantasia è mia e mi sono fatto abbastanza carino. Non come Brad Pitt, ma con un culetto niente male. Eh già, perché anch'io ho espresso tre desideri, anch'io ho avuto il mio genio della lampada. Mi è capitato in un mercatino di Napoli che Rocco attraversa tutti i giorni nel tratto che va dalla metropolitana agli uffici. Lui non guarda nulla, ha paura dei mercati, troppa confusione, troppo passato in quegli stracci, in quei mobili, in quei ninnoli arrugginiti. No, lui non può sopportare il sapore della vita, nemmeno di quella degli altri. Lui vuole una vita senza colore, senza odore, senza umore: una vita televisiva. Ah, quanto gli piace a lui vedere le trasmissioni come la real tv... Grazie a quella scatola inodore, insapore, che non suda, non trema, puoi togliere l'audio a una tragedia che stanno trasmettendo in diretta e seguirla senza il disturbo delle voci, cosa che non è possibile fare con i vicini dell'appartamento accanto... Ecco, la televisione può dare allo stesso fatto, che milioni di persone stanno vedendo nello stesso momento, suoni, immagini e colori assolutamente unici, adatti al tuo esclusivo e personalissimo gusto. In televisione tu vedi senza essere visto e questo, a un uomo non particolarmente fiero di sé come il mio Rocco, dà un grande senso di potere.

Comunque, un giorno, un venditore particolarmente invadente, quasi attratto dalla ritrosia del mio ex, ha preso a mostrargli con insistenza una serie di lampade indiane decantandone le virtù magiche. E prima che Rocco potesse schivare l'uomo, una delle lampade è andata a strusciarsi dalle mie parti e come d'incanto dal beccuccio ha fatto capolino, anzi capolone, viste le dimensioni, un enorme pisello coi baffi e il mantello e un allegro cappello a forma di brioche. Sì, non lo sapevo neanch'io che esistesse un genio della mia specie. Credo che ogni specie vivente abbia il suo. Il genio mi ha spiegato anzitutto che non è bello farsi chiamare piselli, non è dignitoso, a parte il fatto che – a quanto si diceva – nemmeno ai piselli (intesi come verdura) faceva piacere. Ancora incredulo per quella visione, gli ho risposto che ci avrei pensato.

Rocco intanto era riuscito a togliersi di torno il noioso venditore e quindi ci stavamo allontanando dalle lampade. Per fortuna il genio dei piselli... pardon, dei tronchetti, si era ormai liberato della millenaria gabbia ed era pronto a svolgere il suo compito: esaudire i miei desideri e tornare per sempre nel mondo del «nessuno ci crede».

Siamo giunti in ufficio che il genio stava finendo di spiegarmi la regola delle ripercussioni di cui vi ho già parlato. Quindi ha aggiunto: «Dimmi le prime tre cose che ti vengono in mente, senza riflettere. Non essere meschino come gli umani, che pensano subito al denaro ma per il resto, anche se gli dai un anno di tempo, non sono in grado di dirti quali sono le tre cose che li renderebbero davvero felici. Continuerebbero a rimpiangere di non aver chiesto abbastanza. Gli umani non sono come noi, spiriti liberi, che amiamo la vita, l'avventura, siamo passionali, assetati di futuro! Infatti, come si dice?, va' dove ti porto io!». «Veramente» ho provato timidamente a correggerlo «si dice: va' dove ti porta il cuore!» «Solo perché non si può dire il nostro nome!» mi ha spiegato con antica sapienza da maestro che parla al giovane apprendista. Poi ha concluso: «Adesso dimmi i tre desideri, che non posso perdere altro tempo».

Non ci ho pensato molto ma devo avere impresso alla circolazione del sangue di Rocco una brusca accelerazione verso di me, poiché mi sono sentito invadere da un grande calore e anche Rocco, ormai disabituato a quella sensazione, ha portato d'istinto la mano dalle mie parti e per un breve momento mi ha stretto in un abbraccio piuttosto intenso. E non solo: deve aver guardato la signorina Melloni con una certa insistenza, ma non come le altre volte, quando faceva finta di guardare solo per evitare che qualcuno gli attribuisse tendenze omosessuali. No, deve averla guardata come farebbe un maschio, con uno sguardo pieno di desiderio, uno di quegli sguardi che accarezzano il tondo delle donne, poiché la signorina per la prima volta da quando lavoravano insieme gli ha sorriso, un sorriso sorpreso ma compiaciuto. Il tutto è durato un attimo, un attimo di vita subito spento dai sensi di colpa di Rocco per essersi lasciato andare.

I miei desideri

«Voglio staccarmi da Rocco, diventare un uomo attraente e godermi la vita!»: li avevo detti tutti d'un fiato, senza pensarci, come mi aveva chiesto il genio, il quale dopo aver pensato e dopo essersi lisciato i baffi, ha commentato: «Tu lo sai che questo vuol dire che non tornerai più con il tuo padrone?». «A meno che lui non sappia riconquistarmi» ho ribattuto. E non ci siamo mai più visti.

Oh Dio! Stavo per staccarmi da Rocco e lui, inconsapevole, aveva ripreso a lavorare come tutti i giorni. Il suo sguardo si era fatto di nuovo freddo, la signorina Melloni non gli sorrideva più ma a lui non importava, teneva la testa bassa sulle sue carte, che lo lasciavano indifferente come se fossero il lavoro di un altro.

Cari colleghi di tutti il mondo, uniamoci e urliamo: «Uno spettro si aggira per l'Europa, lo spettro del tronchetto!». Forse allora si accorgeranno di noi e la smetteranno di prestare attenzione solo al fegato, al cuore, allo stomaco... quante analisi a loro! E per noi? Niente: seppelliti in un grigio anonimato, senza sbocchi per il futuro, rassegnati a vivere una vita da disoccupati. No, ribelliamoci e lanciamo un appello alle amiche sfogliatelle, spieghiamo loro che non è colpa nostra, che se fosse per noi faremmo tutto quello che vogliono, ma finché gli uomini ci terranno prigionieri nelle loro claustrofobiche mutande di lana, finché saremo trattati come schiavi, finché non assaporeremo la libertà, non riusciremo mai a essere felici e trascineremo con noi, nella nostra depressione, nella nostra esistenza grigia e piatta, anche loro, anche i loro sorrisi, anche il loro fragile ottimismo.

Ferragosto

Come vi dicevo all'inizio, mi sono presentato a Rocco la mattina di Ferragosto quando ormai erano già passati diciannove giorni dall'incontro con il genio dei piselli. Erano quindi diciannove giorni che aspettavo si avverasse il mio primo desiderio: il distacco.

È successo alle sei del mattino, quando l'ignaro Rocco stava per aprire gli occhi sulla giornata più importante della sua vita. Era solo in casa, la moglie e i figli erano in vacanza a Mondragone, una specie di Riccione del Sud. Lui ancora dormiva quando io avevo già preso le sembianze di un uomo, un bell'ometto, come vi ho detto. E mi stavo proprio osservando allo specchio apprezzando le mie qualità fisiche quando un mugugno di Rocco mi ha fatto scattare, non volevo che mi vedesse subito, volevo che se ne accorgesse da solo. Mi sono nascosto in bagno, nella doccia, tanto ero sicuro che Rocco non l'avrebbe mai usata, lo faceva solo nelle feste comandate, tre o quattro volte all'anno. Lui è entrato nel bagno, come al solito non ha nemmeno accennato un saluto, uno sguardo, niente... Si è subito guardato allo specchio per godere del fatto che essendo in ferie non aveva bisogno di radersi, si è guardato la lingua, ha deciso la quantità di dentifricio da usare, molto poco visto che la sera prima aveva mangiato solo frutta e bevuto una tazza di latte (tutte cose che non sporcano i denti). Io intanto aspettavo che facesse la pipì, così si sarebbe finalmente accorto della mia assenza. Macché, non ha sentito la voglia di fare la pipì, ma non gli è venuto il minimo dubbio che qualcosa non andasse. Come tutte le mattine si è seduto sulla tazza e ha creduto di fare la pipì. Ma vi rendete conto? Lui ha creduto di fare pipì solo perché dava per scontato di farla, come tutte le mattine. Poi si è sciacquato il viso e tranquillamente si è dedicato alla sua attività preferita: analisi delle bollette di casa. Ama spulciare quelle cifre manco fossero i bilanci della Fiat. Vi rendete conto: lo avevo lasciato e lui non se n'era nemmeno accorto. Pensate un po' come ero importante per lui. Vi garantisco che ci vuole coraggio a divorziare proprio per la paura di scoprire che per il vostro compagno contate meno di zero. A me è successo proprio così e vi garantisco che ho provato un profondo dolore. Ma mi ha anche dimostrato che la mia è stata una scelta più che giusta. Non aveva più senso continuare a stare con un uomo che nemmeno si era accorto di aver perso la sua parte più essenziale, perdonate l'immodestia.

Tuttavia non potevo uscire di casa senza almeno togliermi la soddisfazione di gridargli in faccia tutto quello che avevo sullo stomaco. E così mi sono parato davanti a lui, all'improvviso. Gli ha preso un colpo dallo spavento, mi sono divertito a vederlo impallidire, a fargli provare un'emozione almeno una volta nella vita. «Chi sei? Che cosa vuoi da me? Io sono un povero impiegato...» mi ha implorato (come se poi ci fossero pure impiegati ricchi).

«Non sono un ladro» ho detto, pensando di tranquillizzarlo, «e nemmeno un delinquente, io sono il padre dei tuoi figli!» «E io chi songo, 'o nonno?» ha risposto sarcastico, cercando di darsi un contegno per non farsi scoprire spaventato. Quando poi gli ho rivelato la mia identità non mi ha creduto. Pensate, dopo più di un'ora che lo avevo lasciato, ancora non si era accorto di nulla. «Dài uno sguardo dentro i pantaloni del pigiama e controlla pure se ti ho detto una bugia, controlla se il ventre è piatto oppure se tutto è a posto!» Niente, non ha voluto guardare e mi ha cacciato di casa.

Un paio d'ore dopo lo hanno trovato disteso per le scale, privo di sensi. E hanno chiamato la polizia perché i portieri dello stabile lo avevano sentito farfugliare cose strane: «Sragionava, forse era ubriaco, inseguiva qualcuno, diceva che aveva perso qualcosa...». Insomma, una faccenda piuttosto strana che bisognava chiarire per forza con l'aiuto della polizia.

Il ritrovamento

Mi hanno trovato di notte, mentre sul lungomare di via Caracciolo osservavo la sagoma del Castel dell'Ovo scontornata nel cielo nero dalla luce argentea della luna piena. Che spettacolo! Mi ero messo sulla scogliera che sta sotto il marciapiede perché da quella posizione mi potevo divertire a curiosare sotto le gonne delle ragazze e delle signore che passeggiavano ridendo o chiacchierando.

Mi è sempre piaciuto curiosare tra le gambe delle donne. Anche quando eravamo piccoli e Rocco era molto più simpatico di adesso, ci buttavamo sotto il tavolo in camera da pranzo e il mio, allora piccolo, padrone si lasciava andare in fantasie strabilianti che danzavano tra le calze doppio filo della signora Illiano e quelle più sottili della signora Lucia che aveva una boutique e quindi indossava capi di migliore e più moderna qualità. E c'era Gemma la pelosa che non usava calze ma aveva peli lunghi che le fasciavano dei polpacci perfetti, tonificati dalle lunghe passeggiate compiute per portare il latte nelle case quando ancora veniva distribuito dai contadini. E io ero sempre all'erta, sempre pronto ai richiami di Rocco che non riusciva a frenare la fantasia, si sognava come un cane al quale sarebbero state permesse le effusioni più spinte: un cagnolino può ficcare il muso dappertutto e si sa che per esprimere il proprio affetto il cane usa leccare le persone. E Rocco avrebbe pagato per leccare quelle parti carnose e tonde, odorose di femminilità non diluita nei saponi e nelle creme, a volte muscolose, sempre nascoste, sempre misteriose ma talvolta miracolosamente visibili. E quell'attesa... l'attesa che una di quelle donne aprisse inconsapevolmente le cosce, per grattarsi, o per sgranchirsi, mai per accavallarle (non si usava allora, le donne, quelle del popolo, intendo, non usavano accavallare le gambe...). Nell'istante, in quell'attimo di eternità che mostrava agli occhi incantati del mio compagno il più ambito triangolo di paradiso, la più ambita delle sfogliatelle, ebbene, in quell'attimo Rocco correva in bagno dove mi avrebbe impastato come una pasta per le pizze e mi avrebbe ridotto come un calzino di un calciatore del Napoli dopo una partita con la Salernitana!

La cattura

Erano venuti in pochi a cercarmi poiché il commissario Savarese non aveva avuto il coraggio di raccontare in questura le cose strane che gli aveva riferito Rocco. Insomma, come avrebbe giustificato ai poliziotti la storia di quello strano omino che in un caldissimo Ferragosto si era visto sfuggire dalle mutande, anzi dal pigiama, il proprio... quella parte del corpo che il Pellecchia si ostinava a chiamare «tronchetto della felicità». Ma che felicità? Per lui, Osvaldo Savarese da Portici, classe '61, l'inquilino del piano di sotto, il mio collega in servizio presso il suo bassoventre rappresentava ormai da qualche anno un vero e proprio incubo. Eh già, perché a differenza di Rocco, lui aveva sottoposto il mio povero «fratello» a un vero e proprio tour de force sessuale: due o tre volte al giorno durante l'ultima primavera! Avrebbe voluto! Ma erano tutte bugie quelle che si raccontava. In realtà da quando era stato promosso commissario e grazie al potere che gli conferiva il nuovo ruolo, aveva dato libero sfogo alla sete che lo attanagliava da quando bambino invidiava gli adulti che potevano andare liberamente a letto con una bella donna, ma pure quelli che andavano a letto con donne brutte. Quanto gli sarebbe piaciuto passeggiare per strada mostrando agli amici assatanati una bella preda appena posseduta con l'aria di chi dice con gli occhi: "Non vi preoccupate, poi vi racconto, ve faccio asci' pazze! E che l'aggio cumbinata, l'ho fatta sognare! E come urlava!". E invece niente... Per anni aveva dovuto sognare a denti stretti, seduto sulla panchina dei giardini pubblici, insieme agli amici, pateticamente e ipocritamente felici di raccontarsi stronzate tipo: loro non volevano ma se avessero voluto... Le ragazze del paese li disprezzavano, li guardavano ridendo della loro voglia di accarezzarle, di domarle, di imprigionarle e poi buttarle. Così era cresciuto il povero Osvaldo e adesso che invece era diventato commissario nessuno aveva più il coraggio di ridere guardandolo, men che meno le poliziotte che, solo nella sua fantasia assetata, sembravano stimarlo, mitizzarlo, desiderarlo. E così era diventato l'amante di qualcuna di loro, ma il rapporto durava poco o meglio la durata dei suoi rapporti con queste giovani in divisa pronte a mettersi sull'attenti (e non solo) davanti a lui, diminuiva di volta in volta.

Cominciò con Teresa, una rossa che sembrava un angelo ma che a letto urlava come un demonio. Ma già al secondo incontro le cose non andarono bene. Il mio collega aveva fatto il proprio lavoro ma gli aveva anche mandato il primo segnale: dopo sette minuti e trentasei secondi aveva deciso di riprendere fiato. Voleva capire, semplicemente capire il perché, e perciò si era sgonfiato, tutto qui, niente di tragico. In fondo, quale arma abbiamo noi per protestare se non quella della ritirata? Ma voi maschi vi ostinate a non capire, continuate a giustificarvi con quelle donne così lontane da voi e da noi, perfette estranee in un mondo già pieno di incertezze; continuate a chiedere scusa per il vostro inquilino del piano di sotto, che vostro non è affatto, visto che lo ignorate completamente quando scegliete una ragazza, visto che non vi preoccupate minimamente del fatto che quando avete visto quella ragazza «lui» non ha battuto nemmeno un pelo, anzi si è addirittura un po' rintanato, ma a voi cosa ve ne frega? Tanto al momento ci penserà lei a tirarci su... Ma cosa volete che gliene freghi a una donna che nemmeno vi conosce, che forse vuole solo umiliarvi, che vi sente estranei, cosa volete che gliene freghi di tirarvi su. Anzi, siccome si era già pentita di essere venuta in camera con voi, adesso non le sembra vero che facciate cilecca. E sarà pure molto dolce con voi e vi dirà le solite frasi: «Non preoccuparti, succede», «Mi sono divertita lo stesso» e così via, tutte frasi che avvertirete come pugnalate.

E così, a forza di cilecche, i rapporti di Osvaldo con le sue poliziotte erano andati via via peggiorando. Sceglieva poliziotte di grado sempre più basso per le sue relazioni così da poterle poi controllare meglio con le minacce sul lavoro. E quante erano state trasferite perché il giorno dopo l'ennesimo incontro andato male si facevano scoprire mentre sorridevano tra loro, forse alle sue spalle anzi, non forse, sicuramente si stavano raccontando le rispettive nottate col commissario: quella più carina raccontava certo che la sua notte era passata guardando una collezione di filmini hard che avevano ottenuto solo l'effetto di farla addormentare, l'altra, invece, Osvaldo non ricordava più con precisione cosa fosse successo con l'altra, forse l'aveva ammanettata, ma nemmeno in quel caso il suo tronchetto aveva reagito. «Così succede a noi, siamo fatti così, vogliamo essere messi al corrente delle vostre scelte, non ci potete costringere a frequentare persone per le quali non proviamo nessunissimo interesse» gli ho detto mentre mi accompagnava nella macchina della polizia che aveva voluto guidare lui in persona per restare da solo con me. I poliziotti infatti erano stati mandati tutti a casa e noi eravamo in giro per la città alle due di notte ignorando il mondo, concentrati entrambi sul pisello del commissario il quale, per sicurezza e a scanso di equivoci, aveva legato il mio «fratellino» con tre mutande slip, indossate l'una sull'altra affinché il poveretto non sentisse i nostri discorsi e non gli venisse voglia di scappare come avevo fatto io. «Deformazione professionale, sa?» mise in chiaro il commissario Savarese.

La denuncia

Non mi portò in questura. Andammo a casa di Rocco. Il commissario aveva infatti detto al mio ex che sarebbe stato complicato spiegare ai poliziotti la mia vera identità. Molto meglio provare a convincermi che dovevo tornare al mio posto.

«Qua sei nato e qua devi tornare, finché morte non ci separi!» strillava Rocco.

«Non dica sciocchezze, signor Pellecchia, mica siete marito e moglie!»

«Lo denuncio per abbandono del tetto coniugale!»

«Eh già, mo' facciamo le pratiche per la separazione legale» ribatteva Osvaldo con tono bonario. «Cercate di fare pace...»

«Dimmi un solo motivo valido per cui dovrei tornare con te» gli ho chiesto con tono alterato. Sapete che cosa mi ha risposto? «Ti porto nei Paesi orientali.»

«Paesi orientali!?» abbiamo chiesto contemporaneamente io e il commissario. «A fare che?», ero curioso di sapere.

E lui: «Io sto in albergo a guardare la televisione e tu esci con gli amici tuoi e vi andate a divertire col tour del sesso».

Ah, voi maschi, non capite proprio niente, non capite

che noi tronchetti ci dobbiamo, sì, divertire, ma dobbiamo farlo con voi, con tutto il vostro corpo, con tutto il vostro sangue, con tutta la vostra fantasia. Abbiamo bisogno della vostra sincerità, dobbiamo abbattere le barriere che dividono spesso le nostre strade. Dovete riconoscerci il nostro ruolo di motore della vita, dovete amarci anche nei momenti di difficoltà. Se non capite che anche noi abbiamo le nostre paure, le nostre indecisioni, le nostre esigenze...

Io vorrei…

«Vi è mai venuto in mente di chiedere a noi di cosa abbiamo bisogno?»

Rocco e Osvaldo erano stupiti, non sapevano cosa rispondere. No, non gli era mai venuto in mente a loro due, ma nemmeno a voi che state leggendo, sia maschi che femmine… eh sì, perché anche voi donne non è che siete senza colpa. Anzi. Cosa vi costerebbe essere un po' più gentili con noi? Perché pretendete di trovarci subito pronti, sull'attenti? E che diamine! Non capite che ogni volta che usciamo all'aria aperta è come se subissimo un trauma, è come una nascita. Non sto esagerando. Provate a mettervi al buio per giorni e giorni e poi uscite alla luce.

Voi donne tentate di tirarci su per cinque minuti e subito vi arrendete. Perché andate di fretta, pretendete di fare le cose presto presto e quando serve a voi. E come siete insopportabili quando vi mettete a discutere dopo una défaillance: «Ma non ti è mai successo?». E cosa dovrebbe essergli già successo? Perché non fate l'esperimento su di voi, provate a farvi svegliare durante la notte all'improvviso e a dire la tabellina del due: sì, non sarete capaci nemmeno di moltiplicare due per due! E invece, basta che siamo un po' barzotti (ma che schifo di parola, ma come pretendete che ci affezioniamo a voi se ci definite barzotti solo perché siamo elastici: ci adattiamo, che è poi segno di intelligenza e di evoluzione) che subito vi arrendete. Oh, ma vi rendete conto e questo lo dico alle signore, vi rendete conto che qui si tratta (come nel caso del mio Rocco) di uscire dai pantaloni per una prestazione una volta ogni sei o sette mesi, quando va bene? Io ho perso l'allenamento e come me tanti colleghi...

Insomma, siate un po' più gentili anche voi, care signore, perché è per voi in fondo che facciamo tutti i nostri sforzi e quando non ci riusciamo, accarezzateci, coccolateci, non fateci sentire in colpa, ma amateci.

E permettemi un post scriptum...

... relativo all'uso del preservativo. Io non sono contrario all'uso del suddetto per mille motivi che tutti conosciamo. Ma cosa vi costa a voi ricercatori del settore sanitario, dico che cosa vi costa fare uno studio su questa tortura medievale. Perché non li fate di varie misure, perché costringete quelli tra noi più grossi a indossare quelle tute di lattice troppo strette, che ci fermano il sangue, ci stringono la gola, ci fanno mancare il respiro e soprattutto bloccano la fantasia dei nostri amici uomini che quando ci devono coprire devono fare un'operazione complicatissima, trovando prima il verso giusto del cappuccio che non si vede mai bene? E poi volete pure che facciamo il nostro lavoro, ma andate al diavolo!

E chiedo scusa ai tronchetti di misura minore se non ho ancora detto che il problema preservativo riguarda anche loro, che si sentono umiliati dalla taglia troppo grande del tremendo cappello e finiscono per ritrarsi ancora più spaventati di prima nel proprio cantuccio. Insomma, umani, cercate di capire che noi non siamo tutti uguali, abbiamo forme e taglie diverse, proprio come voi, voi che avete stilisti che vi vestono e boutique che espongono i vostri abiti. I nostri «abiti», invece, sono nascosti in cassetti polverosi negli angoli più angusti delle farmacie per le nostre esigenze, tutti in file anonime e confuse tanto alla fine son tutti uguali, hai voglia a dargli il sapore di fragola o limone, per noi saranno sempre gabbie soffocanti e oppressive.

Ve lo immaginate come sarebbe bello il mondo se i prodotti che servono a noi tronchetti fossero esposti in bella mostra nei negozi più alla moda?

Ma perché quando si parla di noi si deve sempre tornare all'oscurantismo culturale, perché siamo sempre legati a qualcosa di satanico, di sporco, di buio?

Basta! Noi vogliamo essere esposti alla luce del sole, siamo stufi di vedere foto di donne nude che mostrano fiere la loro sfogliatella e al contrario maschi che nascondono pudicamente i miei fratelli? Ma perché nel maschio il sedere è meglio di noi? E come mi danno fastidio tutti quei maschi che dicono: «Il sesso della donna è senza dubbio più elegante!». Ma quando mai? E poi perché esistono esercizi per i glutei, per le cosce, per i pettorali, persino per i polpacci e per i polsi, e non per noi? Che allenamento facciamo noi? No. Ora lo so a cosa state pensando: all'attività «solista» dei ragazzi, ma quella non conta, quella per noi è solo fatica. Che poi si dice «attività dei ragazzi», ma voi non sapete quanti uomini adulti pratichino la stessa attività. Il mio Rocco nemmeno quello fa, ha paura che gli faccia male, che gli rubi la vita! Ecco, visto che mi trovo a parlarne, vorrei aprire una piccola parentesi per dire che forse l'attività erotico-autarchica è l'unico momento vero in cui noi e i nostri fratelli uomini entriamo in simbiosi. Forse perché non abbiamo paura (la realtà è sempre qualcosa di spaventoso nel nostro immaginario), forse perché è una prestazione che richiede meno tempo, forse perché per praticarla i maschi non hanno bisogno di particolari attenzioni, forse perché i nostri padroni conoscono le nostre esigenze, il ritmo da mantenere, la consistenza del massaggio, insomma non è un caso che quando si riferiscono a questo particolare tipo di attività erotica essi usino l'espressione: «Mi tocco». Cioè si identificano con noi, diventiamo finalmente un tutt'uno, non c'è più separazione tra corpo e mente.

Ma torniamo alla storia della mia separazione da Rocco.

I testimoni

Mi ero affacciato alla finestra per prendere una boccata d'aria fresca, visto che all'interno della casa l'aria estiva si era ulteriormente riscaldata a causa del calore della nostra discussione.

Una cosa che non vi ho detto è che ho il potere di sparire. Sì, posso sparire grazie a una maschera che mi ha donato il genio della lampada. Una maschera di Pulcinella, visto che sono napoletano. Se indosso la maschera divento invisibile. Adesso Rocco mi aveva fatto così arrabbiare che mi ero rifugiato nel dolce involucro dell'invisibilità. Lui era davvero disperato, piagnucolava e il commissario cercava di tirarlo su: «Non faccia così, vedrà che tornerà da lei, si tratta solo di una crisi passeggera, succede dopo tanti anni che si sta insieme. Io perciò sono contrario al matrimonio».

«Ma io non sono sposato con lui, lui fa parte del mio corpo, non se ne può andare via così. Senta commissario...», adesso Rocco sussurrava all'orecchio del poliziotto sperando che io non lo sentissi, «non può chiedere al suo...» e indicò il bassoventre del commissario «se può parlare col mio e convincerlo a tornare?»

Ma il commissario, chiudendo spaventato la giacca del suo orribile vestito verde (molto simile a un ombrellone con sdraio annessa) a difesa del suo «prigioniero delle parti basse» rifletté a voce alta: «E se invece il suo dovesse convincere il mio ad abbandonarmi?!». Ma non sapeva lo scemo che il mio collega che abitava nel suo corpo non aveva il mio stesso spirito libero, non aveva, scusate l'immodestia, il mio coraggio. Già, perché, come ho avuto modo di spiegarvi, noi non siamo tutti uguali. C'è chi si rassegna al ruolo che il destino gli ha assegnato e chi invece come me non vuole arrendersi e combatte per riconquistare la propria dignità. Il «pisellino» (merita di essere chiamato così) di Osvaldo appartiene alla prima categoria. Il commissario avrebbe potuto anche lasciarlo libero, senza mutande e lui non avrebbe mai tentato di spiccare il volo.

Quando suonarono alla porta nella stanza regnava un silenzio carico di tensione, tanto che il trillo del campanello ci fece sobbalzare. Rocco non voleva aprire, si vergognava: «Chi sarà? Che diciamo?».

«Non si preoccupi» tagliò corto il commissario aprendo la porta con sicurezza fin troppo ostentata. Le figure che si trovò di fronte gli fecero portare d'istinto la mano al calcio della pistola che fuoriusciva dalla fondina sottoascellare. Gli sembrò di essere tornato agli anni Sessanta quando andavano di moda quei film di paura in bianco e nero dove c'erano sempre due figure di servitori del castello, marito e moglie, con le facce cattive, lui dai lineamenti vagamente orientali e lei dall'espressione gelida come una sfinge, viso pieno di angoli, occhi come fessure e bocca a culo di gallina stitica.

«Noi siamo i portieri del palazzo» soffiò lui con voce baritonale e mostrando un numero di denti impressionante: così a occhio e croce, il commissario avrebbe giurato che in quella enorme bocca, distorta dallo sforzo che l'uomo sembrava fare nell'atto di parlare, ci fossero almeno cinquanta denti, enormi, fitti come lo steccato di un lido turistico. «Io sono il portiere» continuò lui. «E io sono la portiera» aggiunse lei. Poi, alternandosi ancora, ricominciò lei che sembrava, al contrario del marito, parlare senza muovere le labbra. «Siamo marito e moglie, lui è il marito...»

«E lei la moglie» concluse finalmente quella specie di Frankenstein.

Il condominio

«Noi siamo i testimoni "loculari"! Possiamo deporre?» chiese lo spilungone.

Il commissario era in difficoltà, non sapeva cosa dire a quei due tipi che avevano un'aria malvagia. Erano coloro che avevano avvisato la polizia al momento dello svenimento di Rocco. Ma adesso che io ero stato identificato diventava imbarazzante rendere pubblica la cosa e così Savarese cercò di liberarsi di quelle oscure presenze con una frase di rito: «Non preoccupatevi, è tutto risolto, abbiamo la situazione sotto controllo».

I portieri, più sospettosi del solito, guardarono Rocco come se osservassero un marziano e Rocco abbassò lo sguardo sentendosi inconsciamente colpevole di qualcosa.

«Ah, è tutto a posto? E si può sapere cosa è successo, visto che ci avete fatto venire un colpo a polpetta [*voleva dire apoplettico*]?» sussurrò polemico l'uomo, poco ferrato nell'uso della lingua italiana.

«Mi pare che abbiamo il diritto di sapere quello che succede in questo palazzo, visto che tutto è sotto la nostra responsabilità» aggiunse lei, pettegola curiosa.

Intanto si guardavano intorno, come alla ricerca di una presenza che loro avvertivano soltanto, come animali della foresta che non hanno ancora perso poteri ancestrali legati all'istinto. Rocco era terrorizzato dall'idea che quei due potessero scoprire la sua menomazione.

«Ti preoccupa che lo vadano a dire in giro» gli sussurrai nell'orecchio facendolo sobbalzare, «solo questo ti preoccupa, non te ne frega niente di me, vuoi solo mostrarmi come un trofeo!»

«Non è vero!» non poté fare a meno di rispondermi, ma la sua frase fu sentita dalla donna tutta spigoli la quale, credendo che Rocco volesse contraddire lei, continuò piccata: «E chi è lei, il responsabile del palazzo?».

«Non dicevo a lei, mi scusi.»

«E co' chi parlava? Coi fantasmi?» e rise, seguita dal marito che spalancò la bocca come la balena di Pinocchio.

«Anche stamattina il signor Rocco sragionava», sembrava preoccupata e guardava il mio Rocco con occhio fintamente compassionevole.

«Lo abbiamo trovato diverso sopra alle scale» raccontò lui al commissario, che non avendo capito chiese: «Diverso!? Cioè, non era il signor Pellecchia?».

«Sì, era lui ma stava diverso.»

«Diverso... truccato?»

«Mio marito intende dire riverso», e di scatto si voltò verso l'ignorante e in tre secondi gli sputò contro, a bassissima voce ma con un furore cieco, una raffica di insulti che una persona normale avrebbe potuto dire in non meno di mezz'ora.

«Durante lo svenimento parlava di cose strane, di un certo tronchetto...»

«... Della Felicità Tronchetto» inventò il commissario per deviare i sospetti.

«Della Felicità Tronchetto?» chiese lei meravigliata. «E chi è?»

«L'inquilino del piano di sotto» rispose Rocco.

«Nessuno si chiama così nel palazzo», ma Rocco era già uscito dalla stanza.

«Ancora non sta bene» provò a spiegare il commissario.

«Quello sono stesso i rumori dentro al palazzo... Perciò pure io tengo l'esaurimento nervoso e mi sale la pressione. E il dottore mi dice sempre: fai pipì, fai pipì... Io mi sforzo ma non ci riesco.»

«Pure io ho provato a farla adesso ma non ci sono riuscito, non la posso fare senza di lui...» disse Rocco disperato rientrando in salotto. «Statevi attento che se ne scappa pure a voi!»

«Ma chi?» chiese il portiere.

«L'inquilino del piano di sotto vostro.»

«Ah, l'ingegnere?»

«Perché, il vostro è laureato?»

Pesi e misure

Figuriamoci, laureato! Ma voi avete idea di che tronchetto può avere uno come il portiere? Io l'ho conosciuto durante la discussione, non ci avevo mai parlato prima. Che vi posso dire, non è antipatico ma nemmeno simpatico. Un tipo schivo, morfologicamente fusiforme. Non uno spilungone, a differenza del padrone. Sì, lo so che voi umani avete delle strane regole per misurarci guardando il naso o le mani della persona in esame. Non è vero niente. Ho conosciuto gli amici di Rocco, negli spogliatoi dei campetti di calcio dove molti anni fa lui giocava qualche partitina di pallone, e vi assicuro che c'erano uomini grandi e grossi che avevano colleghi di stazza assai modesta, e viceversa dei piccoletti che davano la polvere a parecchi di noi. E un altro mito da sfatare è che la grandezza non conti niente: ipocrisia, vergognosa ipocrisia. Se sei troppo piccolo, sei certamente discriminato, e ne è la dimostrazione il numero spropositato di barzellette sui meno dotati di noi. Nemmeno troppo grande va bene, ma il troppo grande trova sempre qualche estimatrice mentre il troppo piccolo... È un'ingiustizia e io non ci sto. Tutti hanno diritto di essere accettati per quello che sono. Ognuno di noi, anche il più piccolo, può trovare la sua anima gemella, una sfogliatella mignon che sappia rendergli più dolce la vita. E poi, per amore, anche una sfogliatella più grande, se vuole, può fingere di essere fatta su misura per lo sfortunato tronchetto che è cresciuto di meno. Se no, di questo passo, si finirà per discriminare anche i tronchetti troppo curvi, o che vanno troppo all'insù, o ancora quelli troppo magri, troppo bitorzoluti, quelli circoncisi, quelli troppo scuri di carnagione, quelli nevrotici, come il tronchetto del portiere, che crede di essere un cobra... E poi dicono che è colpa nostra se a un certo punto ci arrendiamo e smettiamo di lavorare!

Le richieste

«Sai quante chiacchiere nasceranno adesso?»

Si preoccupava solo di questo, Rocco. I portieri erano finalmente usciti di casa con la promessa che il commissario li avrebbe aggiornati sulla faccenda, perché loro non volevano squilibrati nel palazzo, e nemmeno depravati…

«Cosa te ne importa delle chiacchiere? Tanto nel palazzo non hanno mai parlato bene di te, anzi.»

«Che vuoi dire? Chi ha parlato male di me? Togliti la maschera e fatti guardare, se hai il coraggio.»

Me la sono tolta, lui mi ha guardato furibondo, poi mi si è lanciato addosso e mi ha afferrato per la vita cercando, invano, di infilarmi a forza nei pantaloni. «È troppo grande, non può entrarci adesso» ha cercato di fargli capire il commissario. Rocco allora, in lacrime, mi si è gettato ai piedi e ha cominciato a implorarmi. Devo dire che ho provato un po' di pena ma, arrivato a questo punto, non potevo cedere. Dovevo resistere, cogliere la palla al balzo per cambiare i miei rapporti con lui, dovevo dettare le condizioni.

«Cosa vuoi da me?» supplicava.

«Per esempio, non voglio più andare in vacanza a Mondragone.»

«Ma perché? Che c'è che non va a Mondragone?»

«C'è che in quel posto vi lasciate andare, tu e tua moglie. Vi stravaccate sotto gli ombrelloni con dei costumi orrendi, il tuo, ormai vecchio e logoro, lascia intravedere anche le due... boccette, che ormai hanno una certa età e non ce la fanno più a tenersi su da sole... Devi comprarti un costume nuovo. E poi mi fate vergognare, tu e Rita, quando vi portate tutte quelle cose da mangiare sulla spiaggia e poi vi addormentate come due ippopotami...»

«Esagerato! Per un pisolino pomeridiano che dopo tanti mesi di lavoro sarà pure meritato. O no?» Rocco chiedeva complicità al commissario, il quale terrorizzato all'idea di poter perdere il suo tronchetto, pendeva tutto dalla mia parte e stava in silenzio.

«Ma che lavoro fate? Lavorate in miniera? Tu stai dietro una scrivania tutto il tempo senza fare niente, di che cosa sarai stanco? Russi come una capra, mi fai vergognare.»

«D'accordo, cerco di non farlo più.»

«No, tu devi andare proprio da un'altra parte a fare le vacanze, devi andare dove non ti conosce nessuno, altrimenti ti lasci andare. Devi frequentare persone diverse da te, persone che ti migliorino. Invece vuoi stare con quelli che fanno finta di accettarti per come sei ma che in realtà vogliono solo accettare se stessi e le loro bassezze, le loro bruttezze, la loro maleducazione, quelli che vogliono circondarsi della stessa melma, della stessa mediocrità, dello stesso orrore, per sembrare migliori di come sono...» E mi sono tornati alla mente il Lido del Sorriso, quello della Serenità, Lo Scoglio, Luna Caprese, tutti allineati uno dopo l'altro, file sbilenche di ombrelloni scoloriti, dalle cui parabole di tela pendono gli indumenti appesi, sedie aggiunte, lettini fatti in casa... E a questo punto il mio pensiero si è fatto sonoro e ho cominciato a pensare a voce alta: "Teglie di paste unte, donne grasse, uomini dal ventre gonfio come una zampogna a Natale, bambini urlanti, ragazzotti palestrati dai corpi comunque sgraziati; e nell'aria il suono sordo di palline che rimbalzano ossessive su racchette da spiaggia, palloni senza meta che colpiscono vittime inermi, radio grandi come discoteche le cui onde sonore possono coprire distanze abissali (qualcuno accende perfino il televisore), corpi arrostiti, creme spalmate a sguazzo su spalle ormai ustionate, mascelle in perenne movimento per masticare chewing-gum, ambulanti di ogni genere e razza: fotografi napoletani, venditori di gioielli indiani, bazar egiziani, venditori di tappeti marocchini, di cocco fresco cocco bello, di bibite, di fiori, di unguenti, di occhiali, di quadri... tanta povera gente che vi fa sentire più ricchi, più sani, più belli, abitanti di un mondo migliore dove i poveri possono solo accostarsi per ricevere in cambio un po' di carità miserabile che vi scarica dai sensi di colpa e vi mette a posto la coscienza!".

A quel punto ho cominciato a piangere. Il commissario, commosso, mi ha abbracciato e mi ha anche dato un bacino. Quando poi ha ripensato a chi sono, è corso in bagno a sciacquarsi.

Le bugie del commissario

«Va bene, va bene, basta!» Rocco era stremato. Il tono della sua voce era disperato. «Non ti porto più a Mondragone, dimmi dove vuoi andare, se ce la facciamo coi soldi ci andiamo. Cosa pretendi, io sono un pover'uomo, un uomo qualsiasi, che ci posso fare?»

Io e il commissario siamo rimasti in silenzio. Poi, dopo una pausa, Rocco ha ricominciato a parlare come non aveva mai fatto prima, con un'intensità e una sincerità davvero commoventi.

Con un filo di voce: «Io lavoro dalla mattina alla sera, mi sveglio presto, alle sei e dieci, sei e dodici al massimo, alle sei e trentatré ci ho l'autobus che passa alla fermata di via Cadore. Prendo l'autobus, che mi porta davanti alla metropolitana che passa dopo sette minuti, cinque fermate e sono a piazza Amedeo dove prendo la funicolare, due fermate e arrivo a ponte Garibaldi dove prendo il tram, otto fermate, due lunghe e sei brevi, e sono finalmente al lavoro. Mi siedo alla scrivania, controllo i conti, vedo quante sigarette abbiamo impacchettato il giorno prima, faccio i raffronti del mese, conteggio le ore di lavoro di questo e di quello, la pausa pranzo la passo nel mio ufficio perché mi porto il thermos da casa che mi prepara mia moglie... una volta mi faceva ogni giorno una cosa diversa, adesso quasi sempre pasta al pomodoro, buona per carità, ma io già sono pelato di natura...», e ha sorriso di questa battuta, da solo perché né io né il commissario abbiamo avuto la forza di assecondarlo... Poi ha continuato, con rassegnazione, come se non avesse più paura di guardarsi dentro: «Il pomeriggio è più tranquillo, abbiamo anche il tempo per bere un caffè che offriamo a turno, siamo sei ma c'è Corradi che quando deve pagare si dà sempre malato».

«Ma non fareste prima a pagare ognuno il suo? Tanto alla fine non cambia...» ha osservato il commissario.

«È per socializzare, giusto per farci due chiacchiere, altrimenti si finisce per non parlare più. Questo è un mondo dove non si parla più.»

"E adesso" ho pensato "comincia la solfa contro la società, contro i giovani eccetera eccetera." E invece il mio Rocco, per la prima volta dopo più di trent'anni, mi ha sorpreso: «Io non ho voglia di parlare, ho paura. Ho paura che mi possano fregare, che mi possano scoprire... Che possano scoprire quanto sono mediocre, quanto sono vigliacco, quanto sono meschino. Perché ho tanta paura?»

Il commissario non ha risposto, era sempre più preoccupato, temeva che da un momento all'altro si sarebbe arrivati a parlare anche di lui. E non aveva nessuna intenzione di rivelare quello che il suo tronchetto mi aveva già ampiamente raccontato, tant'è che ho detto a Rocco: «Chiedilo a lui, chiedilo al commissario. Anche lui è un uomo».

«Assolutamente inutile, io non ho nessuna paura, io sto benissimo!» si è affrettato a difendersi Osvaldo Savarese.

La paura lo rendeva aggressivo. In realtà erano mesi, forse già più di un anno che il poverino non riusciva a dialogare col proprio inquilino del piano di sotto, ma io non volevo infierire, lui si era confidato con me – in macchina ricordate? – e mi sembrava inopportuno.

«Io ho solo un momento di crisi dovuto alla stanchezza, allo stress...» ha provato a giustificarsi timidamente, perdendo tutta la baldanza che gli conferiva il suo ruolo.

Lo stress. Che invenzione meravigliosa avevano trovato gli uomini per giustificare tutte le loro paure, i vizi, la pigrizia, l'incapacità di sostenere un impegno, di mantenere una parola data, una promessa... Quante volte avete sentito dire da un uomo, quasi mai da una donna, che non era riuscito a portare a termine quella tale cosa, o più semplicemente che non si era poi più presentato a quell'appuntamento, perché troppo stanco, troppo stressato?

«Lo credo che è stressato» gli ho detto. «Lei giura di essere un uomo felice e invece non si rende conto di essere il ritratto della disperazione. Lei è sull'orlo del baratro, lei mi fa pena!»

Il commissario avrebbe voluto reagire, ma era terrorizzato all'idea che io potessi convincere il mio collega a lasciarlo, quindi non faceva altro che implorarmi con lo sguardo di smetterla, di abbassare la voce. Ma io ormai ero partito in quarta, mi sentivo come un pubblico ministero nel pieno della sua requisitoria, e andavo avanti e indietro per la stanza. Rocco e Osvaldo mi guardavano allibiti, cercando nel vuoto la fantomatica corte giudiziaria che solo io, nel mio delirio giustizialista riuscivo a vedere.

«Costui giura di essere felice. Ma noi gli chiediamo: felice di che cosa?», e il commissario disorientato dal mio furore: «Sono felice di tante cose».

«Per esempio, felice del suo matrimonio?»

Non sapeva che io sapevo tutto di lui, che era sposato e che intratteneva una relazione adulterina «con Giulietta Palmata, agente della polizia alle sue strette dipendenze, l'ultimo di una lunga serie di adulterii!».

«Non è vero, signor giudice, lo giuro!» ha urlato, convinto a questo punto che la corte esistesse sul serio.

«Silenzio in aula!» sono intervenuto io, impersonando

anche un usciere. (Mi sono reso conto che ho un grande talento interpretativo, potrei fare l'attore.)

«Ma non è per moralismo che vogliamo criticare l'imputato. Lungi da noi l'idea di incriminare gli adulteri, sappiamo quanto può essere utile alle coppie in crisi un pizzico di trasgressione, un bel tradimento sessuale. I tradimenti rinvigoriscono i rapporti ormai spenti, li rianimano col profumo del rischio e della gelosia, il senso del proibito spinge il sangue nelle parti basse, in quel sud del corpo che troppo spesso viene dimenticato dagli uomini. Ma è altresì vero, signor giudice, che la trasgressione è bella finché è varia!» E rivolto a Osvaldo: «Tu staie 'a quatt'anne cu 'a stessa femmena. Ma nun te si' scucciato? E poi, vergognati, vai raccontando in giro che hai un sacco di donne, almeno abbi il pudore di stare zitto. Da quattro anni hai solo una relazione, quella suddetta con Giulietta Palmata. Relazione di uno squallore indecente: vi vedete tutti i mercoledì, solo il mercoledì, nient'altro che il mercoledì».

Rocco, ormai partecipe convinto di quell'immaginario processo che finalmente non lo vedeva più in veste di imputato, si è permesso di intervenire suggerendo al commissario: «Cambiate almeno il giorno della settimana!».

«Non possono» gli ho fatto notare. «Ormai si è organizzata pure la moglie il mercoledì, col maresciallo dei carabinieri.»

«Il maresciallo dei carabinieri? No, i carabinieri no!»

Lo avevo ferito nell'orgoglio di poliziotto e infine gli ho dato il colpo di grazia: «Oltre tutto, Giulietta Palmata è pure incinta».

«Allora è vero?» mi ha chiesto con gli occhi sbarrati dalla paura.

«Sì, è vero, meno male che non sei stato tu.»

E con quest'ultima battuta pure il commissario era sistemato.

L'incidente

Erano passati almeno venti minuti dalla mia requisitoria ma il commissario sembrava ancora sconvolto. Stava parlando col suo tronchetto dopo averlo liberato delle tre mutande di protezione, era implorante: «Ti prego, non parlarne a mia moglie, se lei mi lascia io sono perduto. Suo padre ha molti legami politici e potrebbe farmi trasferire. Te lo immagini se ci mandano in un posto sperduto dove non ci stanno nemmeno un cinema, nemmeno una bella ragazza, nemmeno un divertimento? O se ci mandano in un posto pieno di mafiosi, di camorristi, di delinquenti stranieri, la mafia russa, quella albanese... Non converrebbe nemmeno a te, non ti pare? Perché hai raccontato tutto al tuo amico? Non sei stato gentile. Guarda, se non te ne vai ti do tutto quello che vuoi, se rimani con me ti faccio felice, ti porto in vacanza in Thailandia, là dice che ci stanno delle ragazze che ti fanno stendere nella vasca e ti massaggiano tutto il tempo che vuoi, non solo a me, soprattutto a te. Allora, che ne pensi?»

«Non ti può rispondere» gli ho dovuto dire. «Io sono qui grazie al genio della lampada, perciò voi potete vedermi e parlarmi.»

«Il genio della lampada?» hanno chiesto in coro.

«Portatemi a fare una passeggiata sul mare» e mi sono avviato verso la porta.

Non c'era tanto traffico per fortuna, sebbene fossero le dieci e mezzo del mattino. Ma eravamo a metà agosto e il paese si era già svuotato parecchio. Eppure gli automobilisti non rinunciavano a essere nervosi. Noi viaggiavamo sull'auto di Rocco, una Regata dell'81, all'epoca comprata a chilometri zero, con i seggiolini come nuovi perché ancora foderati con il cellophane, materiale che con il caldo di agosto ci si attaccava addosso come un panno bollente. Eravamo sudatissimi. «Se vuoi che torni con te devi togliere questo schifo da sopra i sediolini. Subito!»

«Appena arriviamo a casa ti giuro che lo tolgo.»

«Va bene, allora fammi scendere», e ho fatto per aprire la portiera in corsa, ma c'era la chiusura di sicurezza per i bambini, la portiera si apriva solo dall'esterno. Mi sono messo a fare il pazzo, a urlare e a battere i pugni sul vetro. «Fammi scendere immediatamente, mi sento soffocare, sto morendo!»

«Aspetta un momento, ti metto l'aria condizionata!» si è affrettato a dirmi perché mi calmassi.

«L'aria condizionata? E la chiami aria condizionata? È l'aria, l'aria e basta. Con quella apri i bocchettoni e fai entrare l'aria esterna che adesso starà almeno sui trentacinque gradi. Vale a dire che ci fai arrosto. Togli immediatamente il cellophane!»

«Si calmi, adesso lo tolgo io» si è intromesso il commissario, forse preoccupato che il suo amichetto del piano inferiore potesse avere il mio stesso problema.

«Fermi tutti» ha esclamato Rocco in un impeto di orgoglio. «Voglio farlo io» ha aggiunto col tono di chi deve finire un soldato ferito per non abbandonarlo inerme al nemico. E ha accostato con una manovra così improvvisa che l'automobilista dietro di noi ha dovuto frenare e sterzare bruscamente facendo gemere le ruote sull'asfalto bollente.

«Cap'e cazzo!» ha urlato l'energumeno affacciandosi

dal finestrino col volto congestionato dalla rabbia e dal caldo. Non aveva paura di Rocco, si vedeva. E nemmeno di noi, benché fossimo in tre. Era uno di quegli uomini che per istinto riescono a capire sempre chi hanno di fronte quando gli animi si surriscaldano. Poi magari si sbagliano e finiscono male, ma quasi sempre se la cavano, perché quasi sempre si trovano di fronte persone che prima di agire ragionano, e la ragione, chissà perché, tra gli uomini è un segno di debolezza.

«Con chi ce l'ha, con me?» gli ho dovuto chiedere scendendo dal lato della macchina che non era bloccato.

«Pecché, che tiene quaccosa 'a dicere?» mi ha domandato, ma stavolta il dubbio aveva cominciato a minare il muro di certezze che guidava il suo istinto.

«Andiamo» mi ha pregato Rocco, non so se più spaventato per me o per se stesso. Il commissario non si muoveva dalla macchina, credo avesse troppa paura che si venisse a sapere che lui andava in giro con un indagato e un pisello ammutinato.

«Vorrei solo capire con chi ce l'aveva quando ha detto testa di cazzo.»

«Co' quello che guidava.»

Il tono esitante mi segnalava che ormai le sue certezze erano definitivamente svanite. Appariva sorpreso dall'errore di valutazione che aveva commesso sull'avversario.

«Guardi che se qua c'è una testa di cazzo, per dirla con questo termine orribile che solo voi maschi, che ci odiate, potevate coniare, ecco, se ce n'è uno, quello sono io.»

«Se lo dite voi...» ha azzardato timidamente in tono conciliatorio. «Io però dicevo a lui, a quello che guidava.»

«Ho capito» provavo a farlo ragionare, «ma il signore che guida è un uomo come lei, non è un tronchetto.»

«Un che?»

«Un tronchetto, un pisello, un pene... Capisce?»

«E perciò io ci ho detto a lui che è una capa di ca...» Il mio sguardo fermo gli ha impedito di ripetere la parolaccia.

«Perché voialtri uomini, quando qualcuno di voi non fa la cosa giusta, ve la dovete prendere con noi?»

«Ma io non me la sono prenduta co' voi... ce ll'avevo col signoro che guita.» Ormai il suo già stentato italiano rasentava il ridicolo.

«E allora non gli dica testa di cazzo, altrimenti noi ci offendiamo. Anche il suo pisello se la prenderà a male» e l'omaccione non ha potuto fare a meno di lanciare uno sguardo veloce al suo bassoventre. «Oltre tutto il suo ha già smesso di funzionare da un bel po'. Mi sta dicendo che non ne può più del suo carattere, della sua vita, del suo modo di mangiare poco educato. Lei si arrabbia perché lui non funziona, ma non capisce che ormai è un circolo vizioso: lui è spaventato, e più lei si comporta così più lui si ritira. Non si sente apprezzato. Lei non deve vergognarsi di avere un pisello piccolo. Non c'è niente di male. Questo signore ha un pisello piccolo!» mi sono messo a urlare, e qualcuno che passava si è fermato a sentire. Una signorina si è messa a ridere. Due ragazzi pure. Rocco mi ha preso per mano e mi ha tirato in macchina. Il commissario, che era passato alla guida, ha messo in moto.

«Che fai, te ne scappi?» mi ha urlato dietro l'omaccione uscendo dalla macchina con una lieve incertezza, vinta grazie all'orgoglio di maschio ferito e alla presenza delle molte persone che stavano affollando la scena. E come tutti i vili che si fanno forti davanti al pubblico, ha pensato di offendermi: «Nun tiene 'e palle!».

In questo caso, era molto più vicino alla verità di quanto egli stesso potesse immaginare. La Regata di Rocco era ormai lontana e dai finestrini usciva adesso, svolazzando come una medusa d'aria, il cellophane strappato dai sedili finalmente azzurri di tela.

Un timido riavvicinamento

Me ne stavo sul sedile posteriore, ancora accaldato dalla discussione ma soddisfatto di avergliele cantate a quello zotico. Osvaldo, mentre guidava, ha lanciato un'occhiata furtiva in direzione del ventre di Rocco che in quel momento, col volto smorfiato dalla disperazione, si stava osservando l'interno dei pantaloncini. Il commissario, sempre più sottotono, non ha potuto fare a meno di commentare con un filo di voce: «Incredibile, è rimasta solo...» «... la base!» ha concluso Rocco riferendosi alle due palline, un po' sperse ma ritonificate dall'inattesa leggerezza dovuta alla mia assenza.

«Ve l'immaginate se svengo in mezzo alla strada e mi portano in ospedale? Gli infermieri mi spogliano e mi trovano così: pensa che figura, che scandalo. Questa non è una città, è un paesino, alla fine tutti sanno tutto di tutti, e se si viene a sapere che non ho più...»

«Ti preoccupa solo questo a te, il possesso, la brutta figura. Non ti interessa di avermi perduto. Se potessi avere una protesi al posto mio andrebbe bene lo stesso... Non dire di no» l'ho anticipato, prima che potesse controbattere come timidamente stava per fare. Ma nei suoi occhi e anche in quelli del commissario avevo letto un certo interesse all'idea di una protesi. Avevo visto balenare un guizzo, un sogno, come se stessero valutandone la comodità effettiva. Una bella protesi meccanica che non ti chiede niente, non pretende niente... Questo loro pensiero mi azzittì. Ero davvero addolorato.

Volli comunque aggiungere: «Tanto le protesi a cui pensate voi non esistono proprio, non vi illudete», e la mia frase colpì nel segno: scoppiò come una bomba polverizzando le loro illusioni e spazzandole via insieme al sorriso che le accompagnava. Tornarono gli ometti di prima, pieni di paure e di livori, furbetti e carogne, pronti a passare dall'implorazione alla vendetta senza pietà. Ma per il momento li avevo ancora in pugno e non intendevo mollare la presa. «Invece di preoccuparti per come vai in giro, ti preoccupi che ti trovino senza di me?»

«Perché, come vado in giro?» Era sinceramente meravigliato della mia osservazione. Incredibile, davvero non si rendeva conto! Era vestito con un pantaloncino corto di quelli che sembrano ricavati da un paio di pantaloni lunghi, tagliati all'altezza della coscia dopo molti anni di utilizzo invernale, grigio, con le tasche sfondate dai pugni in tasca, dai fazzoletti, dalle chiavi di casa e dell'auto, dagli spiccioli, dalle caramelline mangiate di nascosto, dai tentativi di toccarci per ricordare di avercelo... Ai piedi, calzettoni lunghi blu scuro che gli fasciavano i polpacci bitorzoluti e un paio di scarpe nere coi lacci! Sopra, infine, una maglietta da calciatore. «L'ho messa per sembrare più giovanile, pensavo che ti facesse piacere.»

Mi inteneriva il suo tentativo di piacermi, ma non potei fare a meno di contraddirlo: «Io non voglio che sembri più giovane, io voglio che tu viva la tua età, quale che sia, ma che la viva fino in fondo, con me».

Sembravamo due innamorati, tanto che il commissario si girò dall'altra parte un po' schifato.

Il passaggio

«Vuoi venire un po' in braccio a me?» mi ha chiesto Rocco con dolcezza subito dopo.

«No, pe' favore, nun ce facite avuta' 'o stommaco!» si è opposto il commissario. «Aspettate che scendiamo dalla macchina e poi vi riabbracciate.»

«Ma dove stiamo andando?» ho chiesto io, rinfrancato dal nuovo atteggiamento di Rocco. I suoi tentativi di riavvicinarmi, seppure un po' goffi, non mi dispiacevano. Almeno avevo smosso il suo torpore. Però non dovevo cedere, almeno non subito. Dovevo assicurarmi che il cambiamento, qualora si fosse effettivamente verificato, fosse un cambiamento profondo, di quelli che non ti permettono di ritornare indietro. E allora, un po' per mettergli paura, un po' per riposarmi, mi rimisi la maschera e scomparvi stendendomi comodamente sul sedile. La corsa moderata dell'auto mi faceva da culla.

«Dove sei?» mi chiese subito impaurito Rocco. «Che fine hai fatto?»

«Niente, mi sono messo la maschera.»

«E perché?»

«Perché voglio riposare un po'.»

Mi risvegliai poco dopo, doveva essere passato solo qualche minuto, anche se avevo dormito profondamente. Mi svegliarono le voci di Osvaldo e di donna, una poliziotta. Era un posto di blocco formato da una squadra di tre agenti: la poliziotta, che era molto carina, e due agenti: uno giovane, l'altro anziano con la faccia simpatica. I poliziotti lo avevano fermato e lo avevano riconosciuto. Adesso gli stavano spiegando che erano lì per una campagna di controllo della velocità nelle strade del paese.

«Venite da una partita di calcetto?» stava chiedendo il poliziotto giovane e indicava la maglia di Rocco.

«No, è una maglia che metto ogni tanto...»

«Non le piace il calcetto?» insisteva il giovanotto.

Rocco e Osvaldo non vedevano l'ora di allontanarsi da quell'imbarazzante incontro. Fortuna, secondo loro, che io dormivo.

«Sì, certo che mi piace, gioco spesso anche se adesso il lavoro non mi permette...»

«Ma nun dicere palle!» gli ho detto con la voce assonnata.

«Prego?». Il ragazzo credeva fosse stato Rocco a parlare.

Ma Rocco, falso e con gli occhi sfuggenti, cercando di riparare: «Ho detto che io... amo le palle. Mi piace giocare con le palle».

«A pallone» ha corretto il giovanotto.

«Adesso dobbiamo proprio andare» ha tagliato corto Osvaldo. Ma la poliziotta giovane lo ha fermato e, affacciandosi all'interno attraverso il finestrino aperto e mostrando due occhi verdi grandi come due finestre e un sorriso irresistibile, ha detto: «Mi date un passaggio in questura?».

«Veramente...» farfugliava il commissario cercando una scusa per evitare che la ragazza salisse in macchina. Rocco gli tirava il braccio con violenza per spingerlo a partire senza di lei. «Andiamo un po' di fretta...» «... e saremo lieti di darle un passaggio!» ho concluso io senza che lei potesse capire chi aveva parlato.

Mentre il commissario scendeva per farle posto sul sedile posteriore, Rocco cercava di fargli capire che sarebbe stato meglio farla salire davanti.

«La signorina può prendere il mio posto.»

«Non si preoccupi» ha detto lei.

«E invece insisto che lei stia davanti», e il mio ex ha tentato di salire dietro.

Allora non ci ho più visto, l'ho spintonato fuori e gli ho urlato: «Se non la smetti sparisco per sempre!».

Momento di imbarazzo generale. Tutti guardavano Rocco, la voce sembrava venire dalla sua parte, ma il poliziotto giovane avrebbe giurato che Rocco non aveva aperto bocca. A risolvere la situazione, provvidenziale, la battuta dell'agente anziano, che rivolto a Rocco, con il sorriso di chi la sa lunga, gli ha chiesto: «Ventriloquo?».

Rocco, dopo averci pensato un po' su, lo ha corretto: «No, ventripiatto».

«Che caldo che fa oggi.» Accento siciliano e un po' di fiatone per la temperatura effettivamente elevata, si è seduta dietro il posto di guida con il piede destro appoggiato sul ridosso centrale che divide in due i sedili davanti e mostrando così un pezzo di coscia nuda e abbronzata, lievemente imperlata di sudore. Le sue mani eleganti facevano pensare a carezze sublimi, a strette decise, a esperienze assai selezionate. Non erano mani sfruttate ma erano certo mani esperte, di un'esperienza derivante dalla capacità di leggere le cose della natura in modo semplice e diretto. Quelle mani, insomma, facevano pensare a una donna che sapeva scegliere l'uomo a cui regalare le sue preziose qualità, che una volta scelto l'uomo giusto gli avrebbe fatto vedere le stelle (in senso positivo, però).

Quelle mani, adesso, mi stavano sfiorando senza accorgersene.

Rocco era teso, guardava la ragazza, sembrava scrutare il suo corpo ma in realtà voleva solo capire che cosa stessi facendo io in quel momento.

La poliziotta era in imbarazzo sentendosi osservata in quel modo, nella macchina regnava il silenzio, un silenzio carico di tensione. Io non potei fare a meno di avvicinarmi a lei, al suo collo, per sentire il profumo della sua pelle. E a questo proposito vi voglio dire che molti di noi non sopportano quei profumi forti, intensi, che nascondono l'odore della persona. Fate attenzione, ragazze care, signore tutte: non vi coprite, mostratevi nude, totalmente nude. Il profumo è un vestito che non si vede, ma non per questo è meno presente.

Lei, che si chiamava Regina, non portava profumi. Sapeva di donna, del profumo ancestrale di donna, un misto di vaniglia e sapone da bucato.

Ma ecco una cosa strana, adesso era come se lei avvertisse la mia vicinanza. Sorrideva come se pensasse a qualcosa di divertente. Era come se si stesse perdendo nei suoi stessi pensieri, senza remore, senza tabù. Regina si stava completamente abbandonando al mio fascino invisibile. La stavo baciando sul collo come non mi accadeva da anni, da secoli...

La voce del commissario si abbatté su di noi come uno schiaffo.

«Agente Barra, siamo arrivati, può scendere.»

Il tono era perentorio e fiscale. Voleva che la ragazza si sentisse in colpa. La tipica gelosia dei maschi, invidiosi del successo di un altro.

Rocco non disse nulla. Forse anche lui, attraverso di me, aveva provato sensazioni che aveva ormai dimenticato. Sembrava sconvolto e felice allo stesso tempo.

Prima che Regina scendesse dalla macchina la bloccai afferrandole il braccio. Non volevo che andasse via piena di sensi di colpa. «Non temere» le sussurrai all'orecchio, «non erano pensieri cattivi, i tuoi. Sono stato io che ti ho baciata sul collo.»

«E tu chi sei?»

Non sapevo cosa rispondere, non volevo deluderla. E accadde qualcosa che ancora oggi non mi spiego ma di cui vado fiero. Intervenne Rocco, rispose lui alla ragazza.

«Sono stato io, ti ho comunicato le mie sensazioni con un vecchio trucco, sono un mago. Non potevi fare niente per tirarti indietro, non è colpa tua.»

Regina gli diede uno schiaffo, poi, quando era quasi completamente uscita dalla macchina, rientrò veloce come una gatta, incurante che il commissario potesse vederla, baciò furtiva sulla bocca il mio Rocco, gli morse le labbra e scappò via, sotto lo sguardo severo del suo superiore.

Rocco svenne.

Osvaldo rientrò in macchina e ripartendo chiese: «Che è successo, si è addormentato?», felice per quello che credeva un fallimento di Rocco.

Io risi, ma non risposi. Non volevo che invidiasse il mio vecchio padrone.

Tu e Rita

Rocco era ancora frastornato: quella donna bellissima lo aveva baciato. Anzi, per l'esattezza, gli aveva dato un morso sulle labbra!

"Però non ho provato niente a livello fisico, era solo un fatto di... cuore" rifletteva a voce alta.

Il commissario rideva sotto i baffi, ancora convinto della figuraccia di Rocco. «Ci credo che non ha provato niente, signor Pellecchia. Senza di "lui" cosa poteva provare?»

«Pensa a te, che pure con il tuo "lui" non riesci a provare niente» gli ho detto. «In fondo, Rocco sta solo facendo gli allenamenti, si sta scaldando per il mio ritorno.»

«Ma allora tornerai?» mi ha chiesto speranzoso.

«Vediamo. Io so come ho fatto per andarmene. Quanto al ritorno, non so ancora come si fa.»

«Gesù, uno se ne va senza informarsi prima?»

«Io sono fatto così, sono un istintivo.»

«No, tu si' scapestrato!»

Stavamo di nuovo litigando.

«Però ha ragione, scusate...» si è intromesso Osvaldo. «Voi ve ne andate e non sapete più tornare? E quel poveretto adesso come fa?»

«Mi deve riconquistare» ho sentenziato, un po' capriccioso, come farebbe una fidanzatina con il suo ragazzo che l'ha appena offesa.

«E cosa dovrei fare, mandarti i fiori a casa?»

«Basterebbe un minimo di gentilezza in più, senza che fai il cafone.»

E siamo stati tutti e due per un po' in silenzio mentre il commissario, ne sono convinto, se la godeva senza darlo a vedere. Pensava che, vedendo quanto succedeva a me e a Rocco, il suo tronchetto non avrebbe mai cercato di scappare.

Ho ricominciato io a parlare, avevo voglia di chiarire la mia posizione. Non mi andava che si pensasse a me come a uno svitato. «La mattina, per esempio, quando ti svegli, mai che mi rivolgi uno sguardo, un saluto. Ti vai a mettere subito davanti allo specchio, decidi se ti devi radere, ti sciacqui i denti e basta. Mi usi per far pipì, ma quasi non mi tocchi. Ma che ti faccio, schifo?»

«Ma quale schifo! È che la mattina vado di fretta, ho paura di perdere l'autobus.»

«Per un saluto? Basterebbe: "Ciao piccolo, come stai?". Tutto qui.»

«Piccolo?» ha sorriso il commissario.

«Da quanto tempo non mi dici una parola gentile?» Rocco mi ha guardato come per ricordare, ma non ha detto nulla.

«Da quanto tempo non fai un gesto affettuoso?» Rocco mi ha guardato ancora, la nostalgia sembrava averlo assalito.

«Da quanto tempo nun me faie 'na carezza?» A questo punto Rocco è scoppiato a piangere.

Il commissario è uscito dalla macchina, convinto che questa parte dei nostri discorsi avrebbe potuto sortire un effetto negativo sul suo «gioiello». Si è diretto verso la ringhiera sul lungomare, si è acceso una sigaretta e giurerei di averlo visto parlare con il mio collega.

Anche Rocco è sceso dalla macchina, voleva prendere un po' d'aria. L'ho seguito.

Il commissario mi si è avvicinato e senza che Rocco potesse sentirci mi ha chiesto: «Ma è vero tutto quello che mi ha detto prima?».

«Prima quando?»

«Durante il processo.»

Faticai a ricordarmi della messinscena del tribunale.

«No, mi sono buttato, ho sparato a casaccio, tanto sapevo comunque di colpire. Voi maschi per noi siete carte "conosciute".»

Avrebbe voluto mettermi le mani addosso, ma si è trattenuto.

«E come faceva a sapere che io sono sposato e che ho un'amante e tutto il resto?»

«Me lo ha detto l'amico Fritz» ho risposto puntandogli l'indice sul ventre.

«Si chiama Fritz?»

«Ma che ne so? Ho detto così per dire, non mi prenda sempre alla lettera.»

«Ma anche il mio parla?»

«Altroché, soprattutto quando beve», e mi sono allontanato lasciandolo a bocca aperta.

Intanto Rocco mi stava venendo incontro. Sembrava determinato, aveva uno sguardo diverso dal solito.

«Cosa devo fare per riconquistarti?»

Non sapevo cosa rispondere, ma non volevo che lui lo capisse. Il fatto che si fosse deciso a fare qualcosa mi sembrava già un bel passo avanti.

«Devi regalarmi una vita piena di sorprese, una vita piena di speranze...» Stavo scadendo nel retorico, avevo bisogno di un'idea. «Rocco, noi dobbiamo... dobbiamo avere un progetto comune.»

«Un progetto al comune? Per fare che?»

«Ma che progetto al comune! In comune.»

«Ho capito. In... nel... dentro il comune. Vuoi una casa?»

«Per fare che?»

«Per andarci quando sei stanco, per ritirarti un po' con te stesso.» Non aveva capito quello che avevo detto, però nell'equivoco mi stava concedendo una mia personalità indipendente dalla sua.

«Non mi serve una casa dove andare da solo. Io vorrei stare con te, sempre. Ma voglio una vita più divertente. Rocco, tu non fai altro che pensare al lavoro e alle bollette. Rocco, scusa l'espressione, ma qua non si vede una sfogliatella da parecchi anni. Non dico che bisogna pensare sempre al sesso, ma almeno una volta ogni tanto...»

«Ma io che ci posso fare se Rita non ha mai voglia?»

«Ci credo che tua moglie non ha voglia! Tu per lei sei come un pezzo di arredamento, un soprammobile, qualcosa che gira per casa e a volte può darle un po' di fastidio ma niente di più. Diciamo la verità, Rocco, che cosa dovrebbe trovare di attraente tua moglie in te? La tua vita è scandita dagli stessi ritmi e dagli stessi orari da ormai trenta e passa anni. Esci la mattina e torni la sera alle sette e dodici in punto perché fai gli straordinari tutti i giorni. Ma che razza di straordinari sono se li fai tutti i giorni?»

«E che ci posso fare se abbiamo bisogno di soldi?»

«Tu hai ragione, bello mio, ma io dico: c'era bisogno di fare due figli?»

«Per quanto riguarda i figli hai contribuito pure tu. Se tu avessi resistito. Invece, appena cominciavo a fare l'amore con Rita tu subito ti alteravi, non mi facevi capire più niente.»

«Ero troppo giovane allora, non riuscivo a trattenermi.

Mi usavi una volta al secolo, ero assatanato. Ora i due figli ci sono e non si possono mica buttare via. Ma siamo ancora giovani, anche tua moglie lo è. Devi fare attenzione, altrimenti la perderai.»

«Ma chi s'a piglia a mia moglie!»

Ecco che veniva fuori il maschietto convinto della propria superiorità sulla donna, il classico marito che nemmeno considera la possibilità che la moglie possa avere dei corteggiatori.

«Va' a Mondragone di nascosto, falle una sorpresa e vedrai come le rovini la festa.»

«Mi tradisce?!» Più che incazzato (e vedi che uso questi termini pure io, mi sto facendo davvero uomo) sembrava meravigliato.

«No, non ti tradisce perché anche lei non ha la forza di tirarsi fuori dalla melma di mediocrità in cui sguazzate da millenni ormai. Si muove poco per evitare di smuovere troppo. Ma il bagnino le piace.»

«Il bagnino?»

«Sì, il bagnino. Il più classico dei tradimenti. Anche in questo è mediocre. D'altra parte se ti ha scelto come compagno di vita... Incredibile, una bella ragazza, a un certo punto della sua esistenza, decide di sposare te, Rocco Pellecchia. Non eri una cattiva persona, e nemmeno Rita lo era. Poi, dopo un anno di matrimonio, il precipizio, una discesa senza fine. La discesa inizia quando si chiede al compagno il primo permesso. Ma non il permesso di evadere un po', no: il permesso di peggiorare. "Amore, ti dispiace se mi metto i calzini di ieri, sono praticamente puliti, ho camminato quasi niente." "Figurati" fa lei, "io ti volevo chiedere se stasera posso evitare di mettere la tovaglia, mangiamo un boccone veloce, un'insalata... Amore ti dispiace se mi metto in vestaglia?" "Ci mancherebbe, ti volevo chiedere la stessa cosa io, non vedevo l'ora di mettermi il pigiama..." "Amore, ti sembra che abbia i capelli sporchi?" "Macché, se li hai lavati appena una settimana fa" "Amore, sto ingrassando?" "Tu? Sei bellissima anche grassa come una balena" "Che dici, ci andiamo dai Ferrario domani sera?" "No, trova una scusa, si sta così bene a casa nostra, ci possiamo stravaccare sul divano, in televisione c'è quella fiction..." "Amore, accendi la tivù, così mangiando ci distraiamo un po'..." Ma da che cosa vi dovevate distrarre? Dalla paura di guardarvi negli occhi? Di parlare e accorgervi che forse non eravate fatti l'uno per l'altra? Dalla paura di guardarvi mentre lei si soffia il naso e rimette il fazzoletto nella manica della vestaglia? O mentre tu mangi a bocca aperta come un mastino che assale la ciotola col pappone? Da quanto tempo non vi guardate negli occhi tu e Rita? Le hai mai versato il vino nel bicchiere?»

«Ma se è astemia!» si è difeso lui.

«Astemia? Tu compri le damigiane di vino da cinque litri e le paghi tre euro l'una!»

«Insomma, è astemia per legittima difesa» La battuta del commissario era proprio azzeccata.

«Ma non le versi neanche l'acqua, non sei mai cavaliere con lei. Non dico al ristorante, ma almeno a casa, avete mai fatto una cenetta a lume di candela?»

«La settimana scorsa» mi ha risposto, prendendomi in contropiede. Avevano fatto una cenetta al lume di candela e io non me ne ero accorto? «Ah già» mi sono ricordato, «la sera del black-out.» E rivolgendomi al commissario: «Non avevano le candele e hanno mangiato coi lumini dei morti, quelli rossi con la base di alluminio. Stavano sotto le fotografie dei nonni. Siccome non si staccavano dall'altarino, hanno dovuto mangiare coi defunti che guardavano dentro i piatti. Non era una tavola apparecchiata, quello era un cimitero.»

Il progetto

Eravamo davanti a un chiosco che vendeva spremute di agrumi, granite, e che faceva pure il caffè, caldo e freddo. Io mi stavo godendo una granita di limone che mi rinfrescava la gola e mi faceva invidiare gli uomini, che hanno tutte le fortune. Se fa caldo, noi tronchetti non possiamo protestare, non possiamo tuffarci da soli in una bella vasca d'acqua fresca, comprare una bella granita, no, noi dipendiamo sempre e comunque dai nostri padroni.

«Vorrei rivedere Regina!» Eccolo là, Rocco ci era cascato. Ma io non potevo adesso bloccarne il risveglio, non potevo impedirgli di sognare dopo tutto quello di cui lo avevo rimproverato.

«Perché vorresti rivederla?» gli ho chiesto.

«Mi piace» Semplice e incredibile: Rocco ricominciava a provare sensazioni, non era morto definitivamente.

«E Rita?» Il mio era un colpo basso, facevo leva sui sensi di colpa ma solo per capire quanto fosse forte il suo desiderio. Mi scocciavo di cominciare una cosa che poi non avrebbe avuto alcun seguito. Se ci dovevamo divertire, dovevamo farlo fino in fondo.

«Rita sta a Mondragone.» Perfetto! «Vediamo prima se è una cosa seria e poi...»

«E poi?»

«E poi decidiamo se dirlo a Rita.»

«Ma tu fusse scemo? Tu non hai nemmeno cominciato una relazione e già stai pensando che forse lo devi dire a tua moglie.»

«Solo se si rivelasse una cosa seria.»

«Ma che significa seria?»

Rocco guardò il commissario prima di rispondere, si scocciava di parlare davanti a lui. Ma il commissario era impegnato al telefono, stava amoreggiando con la moglie dopo le paure che gli avevo provocato. Non poteva perderla, poi, una volta assicuratosi che lei non aveva sospetti, avrebbe continuato tranquillamente a fare il don Giovanni di serie B.

«Seria significa che ci innamoriamo.»

Oh, mio Dio! Ma perché l'amore sarebbe una cosa così seria? Perché voi uomini lo dovete vivere così cupamente l'amore? Non ci si può amare anche per un giorno solo?

«Io non è che posso tradire Rita senza che lei...»

«Senza che lei...?»

«Senza che lei lo sappia.»

«E che razza di tradimento è se lo sa?»

La mia domanda lo aveva confuso, era troppo logica per essere spiegata con sentimenti tipo il senso di colpa, la paura dell'incognito, l'affetto per i figli... Troppe cose quotidiane si intromettono a distrarre la forza di un amore nascosto, di quelli che ti fanno tremare il cuore, che ti danno una scarica di adrenalina. Rocco era terrorizzato dall'emozione forte che provava per Regina e allora capii che non si trattava di un amore infantile, immaturo, da vecchio infelice. No, si trattava di amore autentico, e la cosa non vi deve meravigliare, cari lettori. Può accadere, anzi accade molto spesso che vi innamoriate davvero, all'improvviso, ma il meccanismo di difesa che regola le vostre vite ordinate ha lo stesso potere di un antivirus per computer, impedisce all'emozione di entrare nell'hard disk dei vostri programmi. Tutto questo perché paragonate, sbagliando secondo me, l'amore a un virus.

«Lasciati andare, tanto l'hai detto tu stesso che tua moglie è a Mondragone, ci rimarrà per tutto il mese e anche per il prossimo. Goditi quest'avventura senza dirlo a nessuno.»

«E poi?» E poi, e poi... Voi uomini volete sempre sapere prima come andrà a finire dopo. Che gusto c'è a leggere un giallo se già conoscete il finale? Dice: «Ma quello è solo un libro, la realtà è un'altra cosa». Voi vi ostinate a credere che la vita sia più reale di un libro o di un film, ma non è vero. Quante notizie prima di arrivare al telegiornale sono già state filtrate, mediate, commentate, interpretate da mille persone? Chi può dire che le cose siano andate proprio come ce le stanno raccontando? Quante volte i vostri amici vi raccontano bugie, magari a fin di bene, e voi ci credete perché vi fidate di loro? Quante volte ai vostri figli nascondete le cose per difenderli dalla realtà? Per quanti anni avete creduto nella Befana o in Babbo Natale? Quante volte vi illudete di essere migliori di quello che siete, o peggiori se siete dei depressi? E ancora, pensate che la realtà che vivete sia meno virtuale di un videogioco? Solo perché provate dolore e piacere credete che la realtà sia più incisiva, più condizionante di un racconto?

«Goditi questa storia con Regina come fosse un'avventura. Quante altre volte potrà mai capitarti che una bella donna provi un interesse così forte per te?»

«Ma non è per me che lo prova. Era a te che voleva arrivare, solo che non poteva saperlo perché non ti vedeva.»

La sincerità di Rocco mi prendeva sempre più alla sprovvista. Da come ve l'ho descritto avrete infatti capito che Rocco non è mai stato un uomo particolarmente sincero, soprattutto con se stesso.

«Ma io e te siamo la stessa cosa» ho ribattuto.

«E allora perché non torni da me?»

«Perché non è ancora il momento. Continua a sorprendermi, regalami un sogno, un progetto da inseguire insieme, e poi tornerò. Tu ce l'hai il progetto, Rocco?»

«Non lo so, devo andare a casa a guardare.»

Era tornato a farsi sentire il mio vecchio Rocco, e anche se con tenerezza mi sono cascate le braccia.

L'abito

Innanzi tutto c'era bisogno di mettersi addosso qualcosa di diverso, non potevamo andare a invitare Regina con Rocco vestito come uno di quegli americani che vivono nelle roulotte ai margini delle loro grandi metropoli.

«Posso mettermi il vestito del matrimonio.»

«Il vestito del matrimonio? A parte il fatto che quando ti sei sposato pesavi almeno quindici chili di meno ed eri tonico, il tuo vestito del matrimonio è grigio lucido che mi sembra un pannello solare, come ci presentiamo davanti a Regina?»

«E allora dimmi tu come devo fare» mi ha detto con un tono indispettito e offeso.

Ho guardato il commissario per chiedergli aiuto, ma aveva quel vestito verde di cui vi ho già detto che non faceva pensare a un uomo con una particolare propensione per lo stile.

«Andiamo a comprare qualcosa di bello», e ho fatto per salire in macchina.

«Dove? E con quali soldi?» Rocco mi voleva fermare ma non ha potuto fare a meno di seguirmi.

«Andiamo in centro, troveremo un sacco di roba bella.»

Anche il commissario è salito in macchina ma sul sedile di dietro, io ero alla guida. Rocco mi ha chiesto di nuovo: «E i soldi per questi vestiti chi ce li dà?».

«Osvaldo» ho provato a dire, ma più per divertimento che altro.

«Io? Non ho soldi appresso...»

«Ma perché, se ce li avessi avuti glieli avresti prestati? No, sei tirchio, Osva', sei pure tirchio.»

«Ma che tirchio, io ci ho uno stipendio da fame, ci ho...»

«A te non basterebbero nemmeno i soldi di Bill Gates per farti diventare generoso.»

«Bill Gates?»

«Oltre tutto sei pure ignorante, come pensi di riconquistarlo a Ciccillo?»

«E chi è Ciccillo?»

«Il tuo tronchetto. Mi ha detto che così vuole essere chiamato, però solo dagli amici.»

«Scusate ma...» provò a intromettersi Rocco, «ripeto: i soldi per vestirmi dove li prendiamo?»

«Uffa, mi avete proprio stufato!», e mi sono rimesso la maschera, così che la macchina, allo sguardo degli altri, adesso appariva in marcia senza il guidatore. Ogni tanto qualcuno si girava a osservare l'abitacolo, ma Osvaldo e Rocco facevano finta di nulla, come se tutto fosse normale. Solo una volta Osvaldo non ha resistito alla tentazione di rispondere allo sguardo di una bellissima donna seduta accanto al suo uomo che guidava una decappottabile di lusso. «È un nuovo modello, fa tutto da sola, una sorta di pilota automatico. È un prototipo che ho potuto avere grazie agli appoggi che ho in Confindustria...»

Non ne potevo più di ascoltare quelle sciocchezze, così mi sono tolto la maschera dell'invisibilità e sono riapparso dal nulla. Questa volta, sia la donna bellissima che il suo uomo iperabbronzato e muscoloso hanno sgranato gli occhi e sono scappati via nel rombo potente del loro bolide grigio metallizzato. Osvaldo non ha detto nulla ma si è girato dall'altra parte come un bambino deluso. Rocco mi ha sorriso guardandomi attraverso lo specchietto retrovisore.

«Spero che tu non diventi mai così antipatico» ha poi confidato Osvaldo al suo Ciccillo. Ed eravamo già davanti alla boutique dove avrei trasformato il mio squallido Rocco in un personaggio fresco ed elegante, pronto a presentarsi come si conviene al cospetto della sua Regina.

La boutique

Il freddo dell'aria condizionata ci avvolse quando entrammo nella boutique e mi diede un brivido di piacere. Per troppi anni avevo vissuto in quell'ombra opprimente, in quello stato di segregazione perenne che sono le mutande di un uomo. Adesso mi gustavo appieno ogni sfumatura della libertà, anche il piacere che poteva regalare un ambiente ben tenuto e rinfrescato al punto giusto come quella boutique.

Rocco e il commissario erano troppo spaventati dal mio piano per «comprare» i vestiti e non potevano godere delle mie stesse sensazioni, non riuscivano nemmeno a guardarsi intorno, a sentire il profumo del lino che in quel negozio sembrava dominare nelle camicie e negli abiti. Neppure li sfiorava l'idea che anche una stoffa può rendere erotico un corpo, donargli quella sensualità che una stoffa scadente può mortificare. Però Ciccillo dovette avere un sussulto, perché lessi negli occhi del commissario un lampo di imbarazzo. Aveva di fronte un commesso e il suo Ciccillo... Non stava mica diventando finocchio? Uscì dalla boutique immediatamente, troppo sconvolto per restare. Ma peggiorò le cose perché Ciccillo, non appena usciti al caldo soffocante, costretto in quelle tre mutande, svenne, collassò e acuì il sospetto del suo padrone, che per conferma volle rientrare nel negozio. Si fermò di nuovo davanti al commesso e lo guardò. Non era nemmeno tanto bello. Oddio, forse, a guardarlo bene, era alto, aveva begli occhi, una pelle ambrata che lo faceva sembrare...

«Non è italiano, vero?»

«No, sono tunisino» rispose lui, rivelando un leggero accento straniero che accentuava l'aspetto già dolce.

Intanto Ciccillo era capitato vicino a uno stand di giacche in pelle e a lui la pelle non piaceva, aveva un odore troppo forte, per cui rimase ancora un po' nel suo torpore precedente. Il commissario indugiò a guardare il ragazzo tunisino meravigliandosi che, nonostante quella rara e tenera bellezza, il suo Ciccillo non rispondesse all'appello. Avrebbe voluto rallegrarsi della propria mascolinità ancora integra e invece si ritrovò a stupirsi del proprio lieve disappunto.

Intanto Rocco mi stava cercando, a bassa voce. Io avevo indossato di nuovo la maschera, l'invisibilità mi sarebbe servita per mettere in atto il mio piano.

«Tronchetto! Troho'!» mi chiamava canticchiando Rocco.

Il commesso gli si avvicinò: «Posso esserle di aiuto?».

Rocco era confuso, non sapeva cosa rispondere, era un mondo che non aveva mai conosciuto, si sentiva a disagio come un bambino il primo giorno di asilo, in mezzo a persone che non conosce. Gli suggerii qualcosa all'orecchio che lui ripeté come un automa: «Devo vestirmi». Lo disse senza capire il significato di quella frase.

«Bene» disse cortese il commesso. «Ha già qualche idea?»

«Su che cosa?» chiese Rocco.

«Le piace qualcosa in particolare? Di solito veste classico?» Ma dopo averlo guardato meglio si corresse: «Forse preferisce lo sportivo».

«Mi piace il calcio, qualche volta seguo il tennis…» rispose con inconsapevole umorismo Rocco.

Il commesso rise, suscitando forse una certa gelosia in Osvaldo, che intanto stava passando davanti a una pila di maglioni di filo che diedero una scossa al mio amico Ciccillo.

«Il ragazzo vuole sapere se preferisci vestire classico o sportivo, giusto?» intervenne Osvaldo con voce tremante per l'emozione, sorridendo al tunisino con una complicità quasi sfacciata.

«Digli che vuoi qualcosa di classico e qualcosa di sportivo» suggerii. Stavolta il commesso doveva aver sentito qualcosa, ma non sembrò darvi peso.

«Faccia lei» tagliò corto Rocco. «L'importante è che sia elegante, devo fare una bella figura.»

«È una parola» disse ridendo il commissario, che ormai stava perdendo ogni remora e voleva fare lo spiritoso per colpire l'attenzione del commesso. Era incredibilmente cambiato nel giro di pochi secondi, anche perché adesso Ciccillo stava annusando dei calzini di filo di Scozia e il filo di Scozia lo faceva impazzire, non stava più nelle mutande, creando al povero commissario una rivoluzione ormonale che non provava da anni.

Dovetti chiedere a Ciccillo di calmarsi un attimo, altrimenti non sarei riuscito a prendere nulla per Rocco.

Finalmente Osvaldo si tranquillizzò, ma era imperlato di sudore e continuava a fissare il ragazzo. «Ce l'hai il permesso di soggiorno?» gli chiese.

Il tunisino sembrò offeso, non rispose nemmeno a quella domanda.

«Se ti serve qualcosa io ti posso aiutare.»

«Non ricordo che ci davamo del tu.»

«Io sono un commissario, se ti… se le servisse qualcosa…»

Voleva essere gentile, Osvaldo, ma il giovanotto non aveva niente da nascondere, il suo sguardo era fiero, era venuto in Italia per lavorare e lo stava facendo onestamente, e questo a Osvaldo piaceva ancora di più. Ciccillo in quel momento non stava passando davanti a una stoffa piacevole, no, era davanti alla mensola con le scarpe, tutte di cuoio, e il cuoio a Ciccillo gli dà addirittura l'allergia. Eppure stavolta... Ma allora Osvaldo...?

È una risposta che io non so darvi, ma nemmeno Osvaldo se la darà mai, forse. Ormai è troppo adulto e quando uscirà dalla boutique tutto tornerà a essere normale, tutto rientrerà nel mondo dei ricordi, i ricordi di una giornata troppo strana che non si può neanche raccontare, tanto nessuno ci crederebbe. "Figuratevi che un pisello si era staccato dal suo proprietario il quale svenne, e fui chiamato io come commissario... era agosto..." O magari si ricorderà solo della boutique, e del ragazzo tunisino che per un attimo gli aveva fatto battere il cuore e non solo il cuore. Oppure si guarderà dentro senza paura e senza stupidi pudori e allora ci tornerà in quella boutique e...

Quello che successe al momento fu che il tunisino chiamò un suo collega, un certo Marco, italiano, molto più antipatico, che subito ci chiese scusa per averci lasciato con Satò – si chiamava così il commesso di prima – e disse che questi stranieri non vogliono proprio imparare le buone maniere, e che lui l'aveva anche detto alla direzione che non poteva portare avanti il negozio da solo, e che ci voleva una legge che impedisse a questi fannulloni di venire in Italia a fare danni...

Stava ancora ringraziando e chiedendo scusa ai due clienti quando misi in atto il mio piano e fu un vero piacere fregare quel deficiente che aveva ordinato a Satò di mettere tutto nella macchina del signor Pellecchia. Avevamo preso almeno trenta milioni di capi in vecchie lire.

Rocco e Osvaldo erano pronti a scappare quando gli soffiai all'orecchio ciò che stavo per fare. Sempre invisibile, misi in moto la macchina e filai via. Da bravi scolari diligenti, i miei amici si misero subito a urlare: «La macchina, ci stanno rubando la macchina!», e cominciarono a inseguirmi sotto lo sguardo impotente e sconsolato di Marco, che stava già pensando a cosa avrebbe detto al boss, un uomo burbero che forse gli avrebbe detratto tutto dallo stipendio.

Satò poteva sorridere di lui, del guaio in cui si trovava, ma non lo fece. Io aspettai Rocco e Osvaldo al punto stabilito. Arrivarono dopo una decina di minuti mentre io stavo facendo impazzire un barista che vedeva la tazzina muoversi da sola e svuotarsi del caffè che una voce dall'aldilà gli aveva ordinato caldo e ristretto. Loro chiesero un bicchiere d'acqua, affannavano felici come due bambini che l'avevano fatta grossa ma se l'erano cavata. Il barista dopo avergli servito l'acqua disse: «Voi non ci crederete ma mi è successa una cosa incredibile, una specie di miracolo!».

Il furto

Rientrammo a casa che era pomeriggio inoltrato. Il viaggio dalla città al paese avvenne nel più assoluto silenzio. Io ero stanco e mi stesi sul sedile posteriore, senza maschera, quindi visibile al mondo intero. Rocco volle guidare, erano anni che non lo faceva più volentieri, invece quel giorno ne aveva voglia, voleva rilassarsi, e la guida in quel momento lo distraeva dai pensieri quotidiani, dalla moglie, dai figli, dalle bollette, dal lavoro... Poteva dedicare tutta la sua immaginazione a Regina, e io potevo sentirlo, eravamo di nuovo in simbiosi, come due gemelli siamesi. Anzi, forse adesso lo eravamo come non era mai accaduto prima.

Osvaldo invece sembrava sconvolto. A un certo punto, rompendo il silenzio che regnava in macchina, mi chiese se potevo parlare con Ciccillo, chiedergli cosa gli stava accadendo, perché gli mandava strani segnali, se si trattava di uno scherzo, o di una punizione... Ciccillo per la verità sosteneva esattamente il contrario, e cioè che era stato il suo capo commissario a mandargli dei segnali ben precisi e che lui non aveva fatto altro che assecondarlo come dovrebbe fare ogni buon servitore che provi affetto e rispetto per il padrone. Era la prima volta che aveva sentito dal suo capo un segnale erotico così forte, così chiaro, così limpido, ed era accaduto quando Osvaldo aveva guardato Satò, il commesso tunisino. Insomma Ciccillo non aveva nulla da rimproverarsi.

Non sapevo cosa riferire al commissario che mi guardava supplichevole. Gli dissi soltanto che Ciccillo gli voleva tanto bene. «Magari uno psicanalista la potrebbe aiutare» azzardai.

«C'aggia fa' cu 'nu psicanalista? Mica so' pazzo. Io sto benissimo, è solo un momento di stanchezza, troppo lavoro nel mese di agosto...»

E chiudemmo qui la discussione. Per il momento.

Arrivammo a casa che era ormai il tramonto. Il commissario prese l'auto che aveva lasciato sotto casa nostra e se ne andò senza salutarci. Poi, dopo pochi metri si fermò, tornò indietro e ci disse: «Domani bisognerà fare la denuncia per il furto dell'auto, vi devo convocare in questura. Ci dobbiamo mettere d'accordo, la macchina in questione deve sparire per qualche giorno poi fingeremo di ritrovarla».

Rocco era strafelice di andare in questura.

«Ci sarà pure Regina?»

«Regina? E chi è 'sta Regina?» chiese Osvaldo, poi gli tornò in mente e con malcelata invidia disse a denti stretti: «Ah, l'agente Barra. Chi lo sa se ci sta, magari sarà fuori in servizio.»

«E lei non può cercare di evitare che sia in servizio?»

«Non lo so se posso.» Non voleva aiutare Rocco, forse in passato l'aveva pure corteggiata quella ragazza e forse aveva fatto fiasco, chissà. Comunque, per risolvere la faccenda pensai di usare le notizie avute dal mio collega.

«Veda un po'» gli dissi, «magari come testimone bisognerà convocare pure il commesso del negozio, quello straniero...»

«Ah, sì, mi pare che fosse tunisino» finse indifferenza

il commissario, ma i suoi occhi brillarono. L'invidia sparì di colpo, sostituita dall'emozione di un possibile incontro con Satò, e diventammo nuovamente complici.

«Forse posso fare in modo che l'agente Barra non vada fuori in servizio. La convoco per domani mattina. Va bene alle dieci?»

«Benissimo» rispondemmo in coro io e Rocco.

Don Saverio

Salutammo Osvaldo e ci avviammo verso l'ingresso del nostro palazzo. Ma la giornata non era ancora finita, perché i portieri avevano deciso di convocare il parroco, don Saverio, un uomo dall'età indefinita, di quelli che possono avere dai trentacinque ai sessant'anni. Non era una cattiva persona e nemmeno un bigotto da Santa Inquisizione, però era in paese da poco tempo e, solo per vivere più tranquillo, voleva accattivarsi le simpatie di tutti. E questo suo atteggiamento, questa sua natura da don Abbondio, lo metteva in situazioni dalle quali poi riusciva a districarsi con difficoltà. Ora era stato coinvolto dai portieri dello stabile, i Frankenstein per capirci, i quali gli avevano riferito di strane cose che accadevano in casa Pellecchia. Del resto quel Pellecchia era pur sempre impiegato nelle manifatture di tabacco, e il tabacco, si sa, è il primo passo per arrivare alla droga, quella pesante, e loro avevano visto e sentito degli strani discorsi e ci doveva essere un accordo con l'inquilino del piano di sotto che infatti era scomparso...

«No, è successo che ultimamente non vado molto d'accordo con il mio inquilino del piano di sotto» cominciò a raccontare Rocco al prete mentre salivamo le scale dell'androne per arrivare all'ascensore. Io avevo messo la maschera per non farmi vedere e distrattamente aprii le porte dell'ascensore creando, senza rendermene conto, un misterioso effetto speciale. Don Saverio, invece, nella sua ingenuità esclamò con ammirazione: «Complimenti, l'ascensore è automatico!». I portieri si guardarono allibiti e decisero di proseguire salendo a piedi i sessantaquattro scalini che li dividevano dalla porta di casa Pellecchia. In ascensore Rocco continuò a raccontare di una vita senza senso, senza progetto... «Che io poi ce l'avevo sempre avuto in mente di fare un bel progettino per rinnovare la casa.»

«Ma non quel progetto lì, io intendevo un progetto spirituale» provai a spiegargli, mortificato dall'ignoranza di Rocco.

«Bravo!» disse il prete credendo che fosse stato Rocco a parlare. «Prima di tutto lo spirito, bisogna curare lo spirito. E come sta Rita, si chiama così la tua bella moglie non è vero?»

«Sì, è al mare, ma io non credo che ci andrò quest'anno.»

«E come mai?»

«Non posso andarci da solo... se non viene pure lui.»

«Lui chi?»

«Tronchetto... Tronchetto della felicità.»

«Della Felicità Tronchetto? E chi è, un mio parrocchiano?»

«Beh, in un certo senso sì. Diciamo che è il padre dei miei figli.»

«Ma cosa dici?» Adesso don Saverio era scandalizzato. Finalmente eravamo arrivati al piano e io aprii le porte affinché il prete continuasse a credere al meccanismo elettronico.

«No, ma non nel senso che pensa lei, don Save'... Il padre dei figli come si dice nella smorfia, la smorfia napoletana, sapete quando si gioca a tombola?»

«A Natale» risposero in coro i due portieri che erano

arrivati su insieme a noi, freschi come due rose, senza un affanno. Erano proprio due creature disumane.

Don Saverio continuava a pensare a Rita, credeva in un attacco di gelosia del povero Rocco, il quale mostrava una flemma eccezionale, sembrava uno di quei matti convinti di essere la reincarnazione di Napoleone Bonaparte.

«Tua moglie è una bravissima donna.»

«Sì, però intanto lo lascia solo tutti i Ferragosti» sibilò il serpente-portiere femmina.

«Non potrebbe stare a casa con lui a Ferragosto? La gente non sa come spendere i soldi. Guardate a noi, guardate a me e a mia moglie, sempre a casa, Ferragosto, Natale, Pasqua, sempre qua. Che ci manca a noi qua?» continuò il serpente-maschio

«È normale che poi succedono le cose che non devono succedere, si sa, l'uomo è cacciatore... Non è vero Salvato'?» E guardò il marito con uno sguardo gelido. Lui digrignò i denti, e per un momento sembrarono due *velociraptor* che si affrontavano in una battaglia per la vita. Su quello sguardo che aveva raffreddato l'aria, Rocco, don Saverio e io invisibile chiudemmo la porta di casa lasciandoli fuori.

Una volta in casa, mi accorsi che il parroco si stava guardando intorno con preoccupazione, si rendeva conto solo adesso che forse Rocco non aveva tutte le rotelle a posto e che se avesse avuto uno scatto violento... Rocco gli si avvicinò e lo fece accomodare.

«Non ti preoccupare figliolo, io devo andare, ho fretta.»

Rocco sembrava non lo ascoltasse per niente e si sedette senza aspettare che il padre facesse altrettanto. Ricominciò a raccontare, sentiva il bisogno di parlare: «Adesso ci ha la maschera perciò non si vede».

«Chi? Di chi parli, figliolo? Hai le visioni?» Il povero prete sperava in un aiuto di Dio; temeva, scappando, di ingenerare una reazione violenta del matto. E allora cercava di usare un tono dolce e affettuoso come si fa con i bambini che fanno i capricci. «Cosa ti turba? Tu sei un bravo lavoratore, un bravo marito, un bravo padre...»

«Non è vero, io non sono tutto questo. Me lo ha fatto capire lui.»

«Nostro Signore ti ha parlato?»

«Non è un signore veramente. Diciamo che è una parte di un signore.»

Il prete si convinceva sempre più della follia di Rocco. «Perché non proviamo a chiamare tua moglie?»

«E cosa le racconto, che mi sono innamorato di una poliziotta?»

«Seh, vabbè, raccontalo a tutti quanti adesso, mettiamo i manifesti!» gli ho urlato per frenare la sua imprudenza.

«Me lo hai detto tu che non c'è niente di male.»

«Se non lo viene a sapere nessuno. Altrimenti lo scoprirà pure tua moglie.»

«Ma io lo voglio confessare almeno al padre.»

«Ma se non è successo ancora niente!»

Dovevo togliermi la maschera perché il padre mi vedesse. Era talmente terrorizzato che sembrava non riuscisse nemmeno a respirare. Quando riapparvi, ebbe un sussulto e provò a scappare ma io lo fermai per convincerlo che non era in pericolo. Lo raggiunsi sulla porta e lui prima di toccare la maniglia sussurrò: «Vade retro Satana!».

«Non sono Satana! Sono solo un pisello, un semplice pisello!»

«Un che?» I suoi occhi ormai debordavano dalle orbite.

«È il mio inquilino del piano di sotto, gliel'ho detto. Si è staccato da me perché dice che non si trova più bene... Lei che rapporti ha col suo?»

«Lasciatemi andare, vi prego.»

«Non vogliamo farle del male, mi creda. Io sono l'essere più pacifico del mondo. Se i miei colleghi funzionassero a dovere, ci sarebbero tanti problemi in meno sulla terra. Ma gli uomini non fanno niente per capirci, allora noi scioperiamo, i maschi si irritano, le donne si stufano e così nascono i problemi, le crisi condominiali, quelle politiche, le lotte di potere, le guerre. Voi continuate a pregare Dio, vi ostinate a chiedere aiuto a lui, che non può fare più di quello che ha fatto, non può intromettersi nei fatti vostri. Mica è un uomo, una certa distanza la deve pur mantenere. Lui i mezzi ve li ha dati, vi ha dato tutto per vivere bene, che altro volete? Vi ha dato l'intelligenza, la gioia, il dolore per capire quando state andando sulla strada sbagliata, vi ha dato noi, i tronchetti che siamo la cartina al tornasole della vostra serenità. Ma voi vi ostinate a ignorarci, vi ostinate a credere che quando non funzioniamo basta un po' di Viagra o un filmetto schifoso per tirarci su... Cosa volete da Dio, se vi ostinate a fuggire la felicità che dovrebbe essere un dovere per tutti? La vostra è una vita senza gioia, una vita seriosa, pesante, noiosa e allora sapete cosa vi dico? Vivetevela da soli questa vita del cazzo... ma che dico? Questa vita dell'uomo! Questa è la vostra vita, non la nostra, non permettetevi di chiamarla vita del cazzo!» E sono uscito dalla stanza troppo arrabbiato per continuare.

Il prete era ancora in ginocchio, senza parole, lo sguardo perso verso l'alto, forse alla ricerca di un segno divino che lo aiutasse a capire.

«Ha visto come fa? È nervoso, irascibile, ma non è cattivo» gli disse Rocco avvicinandosi a lui perché io non lo sentissi. «Che devo fare don Save'? Io lo devo ascoltare, mica posso rimanere senza... senza...»

«Ho capito» lo bloccò don Saverio con un cenno della

mano che voleva dire: "Non voglio sentire altro in questa casa posseduta dal demonio".

«Mi raccomando, io considero tutto questo come una confessione. Lei non andrà in giro a raccontare quello che ha visto e sentito...»

«Io adesso andrò in chiesa e pregherò, pregherò per te e per quell'anima dannata che ti tiene in pugno. E pregherò anche per me, perché il Signore mi sta mettendo certo alla prova. Dammi un bicchiere d'acqua, se hai ancora un briciolo di umanità in quel tuo cuore impazzito.»

Rocco andò a prendere un bicchiere d'acqua fresca e lo porse al prelato, impaurito ma determinato a riconquistare il proprio orgoglio, la propria dignità perduta in quei cinque minuti di panico.

«Io credo che ciò che ho visto sia frutto di una qualche malvagia alchimia dei sentimenti. In questa casa dev'esserci qualcosa che ha permesso a Satana di entrarvi e sconquassare l'equilibrio di una bella famiglia serena e timorata di Dio...»

«Non siamo sereni, nessuna famiglia è serena don Save', andiamo avanti a forza di principi che ci hanno imposto, a forza di paure e di "pare brutto". È una vita che non abbiamo scelto, che nessuno di noi ha scelto. Viaggiamo come i vagoni sui binari dei treni, c'è un motore davanti che ci traina ma la direzione non la decidiamo noi, i capistazione non siamo noi. Lei potrebbe giurare di essere felice?»

«Perché, cosa mi manca?»

«Vuole che faccia due chiacchiere con il suo tronchetto?» chiesi al prete per tenerlo in soggezione.

«Vai via!» Adesso don Saverio era furente, aveva perso quell'aria bonaria che ne faceva un uomo mite. Il vero don Saverio stava emergendo dai meandri profondi dell'inconscio dove voi uomini relegate tutti i vostri fantasmi, quelli chiari e quelli scuri. «Io non voglio più sentirti!», e d'istinto si mise le mani sul bassoventre per ripararlo dalle mie parole.

«Non vuole che gli chieda se è felice delle sue scelte?» Il mio tono era sempre più subdolo e minaccioso. «Lei è sicuro di avere fatto le scelte giuste, che anche lui, il suo tronchetto, fosse d'accordo con la scelta di prendere i voti? E lei adesso è in grado di rispettarla quella scelta? Se non fosse in grado di rispettarla avrebbe il coraggio di abbandonare la tonaca?»

Ma don Saverio non mi poteva più sentire, era già fuori dalla porta, che una volta spalancata ci aveva rivelato i volti tetri dei portieri intenti a origliare. Il prete li oltrepassò senza fermarsi. Rocco richiuse la porta e mi guardò.

«Vedrai che adesso non avrà il coraggio di andare in giro a raccontare tutto» lo tranquillizzai, e annunciai che avrei fatto una doccia.

La doccia

Un brevissimo appunto sulla doccia: quella di Rocco è pessima! Un tubo di alluminio un po' ammaccato che fuoriesce dal muro e all'estremità porta un minuscolo cappellino di plastica originariamente bianca e adesso verde di salmastro. I forellini per l'uscita del getto d'acqua sono per tre quarti otturati dal calcare, per cui quando apri il rubinetto l'acqua va dappertutto tranne su chi si deve lavare. Poi è messa troppo in alto, come se la casa fosse abitata da vatussi e non dalla famiglia Pellecchia, notoriamente di altezza medio-bassa. Non c'è il miscelatore. Devi aprire prima l'acqua calda, che per riscaldarsi impiega dieci minuti di orologio, e quando finalmente senti che scotta puoi aprire la fredda, stando attento però a non aprirla troppo, altrimenti si raffredda tutto il getto e devi ricominciare daccapo. In genere per iniziare a lavarsi ci vuole almeno mezz'ora. Ecco già una buona scusa per Rocco: «Non ho tempo di fare la doccia adesso, la faccio domenica». Poi domenica dice: «Vabbè, tanto è domenica, che mi lavo a fare? Non devo nemmeno andare al lavoro».

Ma aspettate, perché non ho ancora finito. La doccia si trova sopra la vasca da bagno, non sul piatto di ceramica, e fin qui non ci sarebbe niente di male. Ma la vasca non è chiusa in una cabina, no. Rocco vi ha applicato – sono ormai passati sette anni – una di quelle squallide raggiere da cui pende una tenda ammuffita di plastica. Una di quelle tende che quando cominci finalmente a lavarti, quando finalmente l'acqua ha raggiunto la temperatura ideale, cominciano a incollartisi addosso e non c'è verso di farle staccare, no, tornano sempre. Tu la scacci e lei torna. Finché… l'ho strappata, l'ho gettata per terra e ho urlato: «Voglio una doccia!».

Rocco è arrivato di corsa in bagno ed è inorridito davanti a quello spettacolo: la tenda per terra e tutta l'acqua che schizzava sul pavimento.

«Che è successo?»

«È successo che me ne vado in albergo. Mi cerco una stanza con la doccia, con una doccia grande come la campana di una chiesa.»

«E mi lasci da solo?»

«Che te ne importa? Sei sempre stato da solo.»

«Ma adesso che ti ho conosciuto, che ti ho… insomma che ci siamo parlati, ritrovati, non vorrei perderti.»

«Vado in albergo, mi faccio una doccia e torno.»

«In che albergo vai?»

«Il più lussuoso che esiste.»

«Chissà quanto costa.»

«Entrerò senza farmi vedere, vuoi venire?»

«A me mi vedranno.»

«Non ti preoccupare, noi entriamo, non ci fermiamo alla reception, andiamo direttamente alle camere. Appena ne troviamo una aperta… Alle volte ci sono dentro le cameriere che rifanno le stanze… o qualcuno che sta per uscire e io, approfittando del fatto che non mi vede, posso infilarmi dentro… poi ti apro la porta… Insomma, un modo lo troveremo. Vuoi venire?»

«Speriamo che non succeda niente» disse lui, mentre io andavo a rivestirmi per uscire.

L'albergo

Non potevamo usare la macchina, ce l'aveva detto il commissario. Così mi vidi costretto a «prelevare» quella di qualcun altro. Ne volevo una bella, però, perché una volta che uno si trova a doverle fare, tanto vale farle bene le cose. A me, si sarà capito, piace il lusso. Vorrei vivere nel lusso. Sì, lo so che non è corretto, che solo pochi possono permetterselo, che intorno c'è tanta gente che invece non ha nulla... Allora io dico: lusso per tutti quelli che veramente lo sanno apprezzare! Vedrete che alla fine saremo comunque in pochi.

Prendi Rocco, per esempio. Che se ne fa uno come lui del lusso? Nemmeno capisce la differenza tra un letto qualsiasi e un letto fresco, con le lenzuola di lino e i cuscini larghi e sottili. Lui direbbe: "Tanto ci devo solo dormire". Oppure prendete il commissario e fategli comprare degli abiti eleganti: per lui saranno troppo sobri, troppo poco vistosi, nemmeno si vedrà che costano tanto: "E allora che gusto c'è, se uno ti guarda e non capisce quanto hai speso per vestirti!" direbbe lui. Ecco, per queste persone il lusso è denaro sprecato. Ma per quelli come me che sanno apprezzare la qualità nelle cose, che amerebbero vivere circondati dalle cose belle, per quelli come me che sanno apprezzare gli odori e i colori e i sapori tenui delle cose, per quelli come me ci vorrebbe una legge che stabilisce la legittimità dei miei bisogni. Chi veramente dimostra di sapere apprezzare il bello della vita ha diritto a un finanziamento per vivere nel lusso. Che non è cosa superflua, state bene attenti! Se non esistessero quelli che amano e venerano la bellezza, non sarebbero stati conservati i Michelangelo, i Tiziano, i Caravaggio, i Van Gogh. Non esisterebbero città come Parigi, New York, Roma. Non esisterebbero la canzone napoletana, lo champagne e il barbaresco, non esisterebbero i film americani, quelli di Totò, e di Stanlio e Ollio.

Ma torniamo alla ricerca dell'auto e dell'albergo.

Per l'auto prendemmo «in prestito» una moto, era la cosa migliore che si potesse trovare in paese a quell'ora e poi sapevamo che il proprietario, il geometra del comune, non ne avrebbe avuto bisogno fino all'indomani. Era una bella moto, una Honda 1600. Andava benissimo e ci avrebbe portato in fretta in città.

Scegliemmo l'albergo più bello. Un cinque stelle extralusso. Affacciato sul mare, grandi finestre, atrio del Settecento completamente affrescato. Il personale sembrava molto gentile. Ci salutarono cordialmente senza chiederci nulla, potevamo essere già clienti dell'albergo e non sarebbe stato carino mostrare di non riconoscerci. Rocco era terrorizzato, non riusciva a rilassarsi. Io invece stavo benissimo. C'erano tante sfogliatelle che appena mi videro fecero fibrillare tutte le loro proprietarie che si girarono a guardare verso di noi, per capire da dove arrivasse quel fremito. Ma io ero già invisibile e quindi, con disappunto, videro solo Rocco, un omino modesto... Perché mai le loro sfogliatelle si erano tanto alterate? "Mah, sarà l'estate" pensò qualcuna di loro rimettendo il braccio ingioiellato al braccio ben vestito dell'ignaro marito.

Rocco mi chiamò: «Dove sei? Che fine hai fatto?».

«Sto andando verso gli ascensori», e premetti il pulsante per chiamarne uno al piano terra, erano sei. Intorno a noi pochi italiani, moltissimi americani e un russo in compagnia di una splendida ragazza alta e bionda, dallo sguardo triste e angelico e dai polpacci ben disegnati, perfettamente tonici, di quei polpacci che fanno pensare a gambe ben allenate, pronte ad afferrarti nel momento del «contatto». Lui era un panzuto con le guance rosse, al polso un orologio d'oro massiccio, che sapeva di affari loschi e aveva l'aria del padrone.

Era arrivato l'ascensore e io sono entrato in fretta con loro, Rocco non mi ha seguito, gli americani nemmeno. Erano tutti spaventati da quell'omone silenzioso e minaccioso. Ero troppo incuriosito da quella coppia per pensare a Rocco adesso.

Nella cabina, una volta chiuse le porte, è successa una cosa straordinaria: l'omone, che faceva tanta paura a tutti, ha cominciato a piagnucolare e si è inginocchiato davanti alla ragazza che, dopo avergli dato due sonori schiaffi, ha pronunciato in russo qualcosa di simile a un comando. Poi gli ha puntato l'indice al volto e gli ha parlato come farebbe una maestra con lo scolaro che si è comportato male. Al settimo piano, prima che si aprissero le porte, lei gli ha fatto cenno di alzarsi e lui ha ubbidito. Quando le porte si sono aperte entrambi si erano ricomposti e il loro aspetto era tornato quello che avevano al piano terra. Sono usciti dall'ascensore passando davanti a una coppietta che si è scansata subito per cedere il passo. «Poveretta, lui dev'essere un violento» ho sentito la ragazza sussurrare al fidanzato quando i due russi si erano allontanati. E sono ridisceso coi fidanzatini. Che invece, appena rimasti soli, si sono baciati. Un bacio casto di chi aveva già ampiamente sfogato gli istinti nella camera settecentotré, così almeno mi ha detto il tronchetto del ragazzo, un fiorentino. Mi ha anche riferito che quella camera non era niente male, che i fidanzatini non sarebbero rientrati prima di un paio d'ore, che la doccia era splendida e il letto da paura: il suo capo si era comportato come un Dio.

"'A fanatico!" ho pensato mentre i fidanzatini uscivano dall'ascensore. E mi sono ritrovato davanti Rocco, inebetito, che non si era mosso di un millimetro da dove lo avevo lasciato. Davanti a lui sono passati quattro amici, per fortuna stranieri. Dico per fortuna perché Rocco, non vedendomi, ha cominciato a chiamarmi a bassa voce: «Sei qui? Ohoo! Ci sei?». L'ho tirato dentro per la camicia. I quattro lo hanno guardato un po' sospettosi e poi hanno trattenuto a stento il riso. Sono scesi al terzo.

«Mi hai lasciato laggiù da solo. Dove andiamo?»

«Camera settecentotré.»

Siamo usciti dall'ascensore e mi sono guardato intorno. Alla settecentouno, due porte prima della nostra, era attaccato un passepartout della cameriera. L'ho preso, ho aperto la «mia» camera e l'ho rimesso a posto. Adesso potevo fare finalmente la doccia!

Qualcosa di strano…

La doccia era davvero bellissima e perdipiù dotata di un miscelatore con gradazione perfettamente funzionante. L'acqua usciva da una cipolla di ottone cromato grande come la coppola di un guappo napoletano dell'Ottocento, mille linee liquide che brillavano sotto le luci allineate sulle pareti della cabina… Usammo l'acqua a trentasei gradi, facemmo la doccia insieme, io e Rocco, ci insaponammo con un bagnoschiuma che sapeva di muschio bianco e a un certo punto, quando ero perso nel godimento dei sensi, in quella frescura che aveva il suono di un ruscello di montagna, non posso giurarlo ma mi è sembrato che io e Rocco, per un istante, ci fondessimo di nuovo insieme, fossimo di nuovo parte dello stesso corpo. Ma, ripeto, fu solo un istante, come se avessi chiuso gli occhi e sognato per un attimo. Eppure, non so se è solo un'impressione, ma mi pare che adesso, dopo quella doccia, io e Rocco siamo un po' più simili di prima, come se io avessi preso qualcosa da lui e viceversa lui avesse rubato qualcosa dal mio aspetto.

Lasciammo la stanza, uscimmo nel corridoio e leggemmo su un cartello affisso alla parete le indicazioni per una sala relax interna all'albergo.

«Ce lo vogliamo fare un massaggio?» chiesi.

«E quanto ci costa?»

«Ma possibile mai che pensi sempre ai soldi? Quanto ci hai?»

Rocco controllò il portafogli tenuto perfettamente in ordine, un oggetto che aveva almeno sei anni ed era come nuovo. Aprì lo scomparto di fintapelle nera che doveva contenere le banconote e contò trenta euro in fogli da dieci e un foglio da cinquecento che tentò immediatamente di nascondere. Infatti disse: «Ci ho solo trenta euro».

«Non si dicono le bugie», e gli strappai di mano il portafogli sfilandone il pezzo grosso che sicuramente ci sarebbe bastato per un bel massaggio rilassante.

«Noooo! E che dico a Rita? Come faccio a rimanere senza soldi?»

«Che te ne importa, ci sono qua io, stai tranquillo. E poi i soldi sono tuoi, te li sei guadagnati o no? Hai lavorato come un mulo, avrai pure diritto a un piccolo svago?» E mi avviai verso la porta a vetri con la scritta «Zona relax».

Entrammo e a riceverci trovammo due ragazze, non particolarmente carine, una bionda e l'altra rossa. La rossa sembrava più vivace e subito ci disse il suo nome. Già, perché da qualche anno c'è l'orrenda abitudine di far dire ai dipendenti il proprio nome per creare una maggiore intimità col cliente. Allora perché non ha detto il suo nome anche la bionda? Perché non era lei che doveva servirci, quindi non c'era bisogno di raccontarci come si chiamava. Ma non voglio arrabbiarmi per queste sciocchezze, per questa deprimente ipocrisia che costringe le persone a fingere di volersi bene. Ero lì per rilassarmi, quindi chiesi a Marina se c'era disponibilità per due massaggi.

«Io posso pure farne a meno» provò a dire timidamente Rocco.

«Vuole risparmiare» dissi sorridendo a Marina, che corrispose, credo con sincerità, a quella che dovette sembrarle una battuta.

«Abbiamo libere due ragazze per un massaggio Thai.»

«Thai?»

«Molto rilassante, molto gradevole.»
«Ma sono carine le ragazze?»
Marina rise di nuovo ma non rispose. Ci fece strada e ci condusse attraverso una serie di corridoi che portavano agli spogliatoi.
«Aspettate qui.»
Ci consegnò asciugamani e tanga.
«Se volete potete fare la doccia» e uscì.
Rocco non fece in tempo a dirle che avevamo già fatto la doccia. Credeva che il lavaggio potesse pesare sul prezzo. Ci spogliammo e Rocco non volle che lo guardassi. Si vergognava della mia assenza! Io mi cambiai con tranquillità e notai che avevo proprio un bel tronchetto, non ci avevo ancora pensato da quando il genio mi aveva reso uomo. Per evitare umiliazioni a Rocco, mi girai perché non mi vedesse. Mi accorsi che non sapeva come indossare quei tanga che sono effettivamente ridicoli.
«Non posso tenere le mutande?»
«Sì, certo» gli risposi, e la cosa sembrò tranquillizzarlo.
Dopo pochi minuti arrivarono due ragazze, non belle nemmeno queste. Io scelsi la più piccola, mi sembrava avesse mani molto lunghe e nervose che facevano pensare a una forza insieme dolce e decisa.
Ci portarono in una stanza con due lettini. Musica soft, profumi (orrendi) di bastoncini speziati che immediatamente chiesi di spegnere e, finalmente, il massaggio. Cominciò dalle gambe, toccando anche i piedi, con decisione, i pollici abili coglievano punti che nemmeno il piede sa di possedere. I problemi cominciarono quando le mani della ragazza salirono sui glutei e sulla schiena, accarezzando dolcemente l'interno delle cosce... Cominciai a provare una sensazione tanto forte da provocarmi un capogiro. Rocco ormai dormiva completamente rilassato. Avrei voluto chiedere dell'acqua, mi sembrava di andare a fuoco

ma non volevo che la ragazza smettesse. Anche lei mi sembrava molto coinvolta, ogni tanto staccava una mano dal mio corpo per asciugarsi il sudore che le imperlava la fronte. Cominciava ad affannare. Io mi stavo facendo tutto rosso ma, grazie alle luci rosate e fioche dell'ambiente, la mia carnagione sembrava regolare. Il guaio fu quando mi fece girare e si accorse che il mio petto stava crescendo a dismisura: mi stavo gonfiando tutto, come un incredibile Hulk. Lei non poteva smettere e mi strofinava sempre più forte. Sembravamo assatanati quando fummo interrotti dall'urlo della sua collega che si girò verso di noi e si accorse del fenomeno spaventoso che ci aveva colpito. Urlò e la mia piccola massaggiatrice si staccò, come fosse uscita dalla trance. Io scoppiai in un pianto dirotto, felice, intriso di gioia antica, un'esplosione di allegria mi stava squassando tutto, non riuscivo a fermarmi. Le due ragazze scapparono, allora io presi la maschera, sparii e svegliai Rocco dicendogli che dovevamo filarcela. Rocco, ancora confuso, si alzò in fretta e furia chiedendomi cosa fosse successo, ma non feci in tempo a spiegarglielo che stava già entrando un energumeno col camice bianco. La ragazza che mi aveva massaggiato urlava soltanto: «Era tutto gonfio, sembrava un mostro!». «È vero, l'ho visto anch'io!» urlava la sua amica. Il buttafuori, dopo averle fatte uscire dal camerino, col ghigno schifato guardava Rocco con disprezzo: «Ma non si vergogna? Cosa crede, che questo è un bordello?».

«Guardi che dev'esserci un equivoco. Adesso il mio amico le spiegherà tutto.»

Ma io non avevo nessuna intenzione di riapparire.

«E chi sarebbe questo suo amico?» chiese l'uomo mentre si rimboccava le maniche con aria truce.

«Il mio inquilino del piano di sotto.»

«E lei perché lo frequenta?», e giù uno schiaffo che Rocco ha incassato con grande dignità.

«Non è che lo frequento. È che lui si è staccato e adesso lo devo riconquistare, perché dice che lo davo per scontato.» Secondo schiaffo, più forte del primo. Stavolta Rocco, spaventato, ha cominciato a chiamarmi.

«Vuoi il tronchetto? Che ci devi fare col tronchetto, brutto depravato che non sei altro», e stava per dargli un altro ceffone.

A questo punto son dovuto intervenire: chiamare depravato un uomo perché desidera rivedere il proprio tronchetto? «Come ti permetti?» ho sibilato trattenendogli il braccio.

L'omaccione è rimasto imbambolato, non capiva cosa stesse succedendo, chi avesse parlato e, soprattutto, chi gli stringesse il polso. Mi sono distratto un attimo e l'ho mollato. Il suo pugno, già teso nello sforzo di liberarsi, si è abbattuto sul volto di Rocco, che si è piegato tenendosi il naso tra le mani: «M'ha scassato 'o naso!». Allora ho preso Rocco e l'ho tirato via, facendogli segno di uscire. Lui a fatica si è rialzato e ha guadagnato l'uscita passando vicino alle ragazze del massaggio ancora spaventate alle quali ha chiesto: «Ma che è successo?». Io intanto ho fatto lo sgambetto al buttafuori che tentava di riacchiappare Rocco e sono uscito dietro di lui. Quando siamo passati davanti alla reception, le due ragazze non hanno fatto una piega e come due automi hanno chiesto: «Tutto bene, signori?».

Dopo due minuti e mezzo eravamo già sulla moto. Rocco era ancora spaventato, ma il vento fresco della notte estiva e il pensiero di avere risparmiato i soldi del massaggio lo avevano già risollevato. Eppure era successo ancora... Avevo avuto la netta sensazione che durante il massaggio, nel momento di maggiore intensità erotica, io e Rocco ridiventassimo parte dello stesso corpo, e ora, come era accaduto sotto la doccia, mi sembrava che ancora una volta la nostra somiglianza fisica fosse aumentata.

Pennette al pomodoro e basilico

Tornammo a casa dopo aver lasciato la moto lì dove l'avevamo trovata, solo con un po' di benzina in meno, e attraversammo l'androne del palazzo stando attenti a non farci vedere dai portieri.

«Ma è vero che lui ce l'ha grande come un cobra?» mi ha chiesto Rocco a un certo punto.

«Gli somiglia, a un cobra, soprattutto per la forma della testa.»

«Nel senso che si allarga?»

«Sì, ed è anche un po' piatta, proprio come il serpente.»

«E ci ha pure gli occhialini sulla nuca?»

«No, ci vede benissimo», e siamo scoppiati a ridere.

«Chissà la sfogliatella di lei come è fatta» si chiese il mio uomo.

«Credo sia una che se la tira molto. Alì mi dice che non gli sta simpatica.»

«E chi è Alì?»

«Il tronchetto del portiere. Pensa che fantasia: un cobra di nome Alì. Perché non entriamo a vedere cosa stanno facendo?»

«Nooo, ma tu si' pazzo!»

«Dai, entro io con la maschera e poi entri tu.»

«Ma perché, la maschera funziona pure su di me?»

«Non lo so, credo di sì. Perché non provi?» dissi passandogliela.

Lui dapprima ha tergiversato, aveva paura. Poi l'ha presa, con molta attenzione l'ha indossata e... sapete cosa è successo? Un fenomeno strano, un altro dopo quelli che vi ho già descritto: Rocco è sparito solo a metà, sono scomparse le gambe. Il resto era ancora lì con noi, come sospeso nell'aria, sembrava uno di quei fantasmini col camicione bianco. Si è talmente spaventato che ha buttato via la maschera, come se scottasse. Io l'ho raccolta e ho notato che adesso le nostre gambe erano proprio identiche. Ma non gliel'ho detto, gli ho solo detto di stare sereno, che non era successo nulla e gli ho fatto cenno di prendere l'ascensore. Non volevo che si accorgesse della nostra somiglianza, non volevo che si montasse la testa.

Siamo entrati in casa e mi sono reso conto di avere una fame da lupo. Sono andato al frigorifero e l'ho aperto. L'interno dell'elettrodomestico che dovrebbe servire soltanto a mantenere il fresco dei cibi freschi incarnava alla perfezione la personalità, i timori, le ansie, le delusioni, la rassegnazione, le attese, le paure, l'assenza di immaginazione, di fantasia, di speranza nel futuro, insomma la vita – con tutti i suoi limiti – della famiglia Pellecchia, marito, moglie e due figli. C'erano: un contenitore da sei uova con scadenza 16 agosto, cioè oggi, con un singolo uovo; una confezione da due di formaggini Belpaese, quelle tonde, con scadenza all'infinito (i formaggini avrebbero dovuto sostenere Rocco qualora si fosse presentata un'emergenza: più fame, un ospite, il rientro improvviso di uno dei figli); un cartone di latte a lunga conservazione («Mio marito è troppo distratto, è meglio che il latte glielo compri io prima di partire per le vacanze. Sei bei cartoni di latte a lunga conservazione gli dovrebbero bastare per almeno tre settimane»); una confezione da tre di tonno sott'olio con una sola scatoletta, le altre due erano già state consumate dal padrone di casa; una bottiglia da due litri (di quelle che in origine sono state usate per imbottigliare uno sciroppo alla menta) con almeno un litro di caffè freddo sicuramente vecchio, vista la patina bianca che galleggiava copiosa in superficie, tre Kinder al cioccolato e due barrette non meglio identificate «alle vitamine, perché a Rocco ogni tanto gli pigliano le manie dei ragazzini»; tre albicocche raggrinzite; un avanzo di spezzatino rinsecchito; una mezza mela ammuffita («buttare la roba buona è peccato»); un pezzetto di frittata di maccheroni «che si mantiene tanto bene in frigo»; due bottiglie d'acqua che una volta vuotate della minerale erano state riempite con quella del rubinetto («talmente più buona che non vale proprio la pena a spendere i soldi»); una bottiglia con un fondo di limoncello «che Silvia, nostra figlia, sa fare così bene»; infine, sulla parete interna dello sportello, tutta una serie di raccomandazioni per il povero Rocco, dallo spegnimento delle luci la sera prima di andare a letto, alla chiusura del gas, alla pulizia ecc. Raccomandazioni che erano sparse un po' ovunque in casa, anche in bagno, in camera da letto, in macchina e persino nel guardaroba.

Non volevo farmi prendere dalla disperazione. Rocco non aveva fame, era distratto e pensieroso, le emozioni erano state tante in quei due giorni. Ma io volevo mangiare, così presi un pacco di pasta dalla credenza. Lui non voleva, quella pasta doveva servire nel mese di settembre, manco fosse la riserva per la guerra. Non gli diedi ascolto. Erano pennette, lisce per fortuna (odio la pasta rigata, mi sa di mensa). Aprii, per la disperazione di Rocco, una latta di pomodori pelati da un chilo e la versai nel tegame di alluminio (Rita comprava le batterie di alluminio per risparmiare, ma in realtà i sughi vengono benissimo nell'alluminio, basta usare poco il sapone), lasciai cuocere il pomodoro senza nulla, avrei aggiunto l'olio e il sale a mezza cottura, una cottura veloce, come fossero pomodori freschi.

Nel frattempo calai la pasta e la feci cuocere a fuoco forte, stando attento a scolarla due minuti prima del tempo di cottura segnalato sulla confezione. Presi qualche foglia di basilico da una piantina che stava ormai in rianimazione. Grattugiai il formaggio (era grana, non parmigiano, perché costa troppo), e dopo dieci minuti ero a tavola a godermi tre etti di pasta perfettamente al dente che divorai senza pudore come una belva affamata. Rocco, che non aveva cominciato ancora ad attaccare i suoi settanta-ottanta grammi, mi guardava sbalordito: proprio non riusciva a capacitarsi che un pisello potesse cucinare e mangiare in quel modo.

«Scusami» dissi, «era fame arretrata, non potevo trattenermi. Mi piace mangiare rispettando il galateo, ma stavolta il miglior condimento era proprio la fame. Un piatto di pasta al pomodoro semplice non può essere gustato alla stessa maniera di un'aragosta in vellutata di fagioli o di una spuma di baccalà al latte. Per la pasta al pomodoro ci vuole l'appetito, quello che hanno i ragazzini che d'estate escono dall'acqua del mare, salati, lucidi e scattanti come pesciolini, quando, con i capelli ancora bagnati, si lanciano su quei piatti estivi che hanno l'odore di luglio e il sapore polveroso delle spiagge arroventate dal solleone.»

L'invito a cena

Ci siamo svegliati dopo una bella dormita, tutti e due nello stesso istante, come fossimo una persona sola. Ci siamo alzati dal letto, lui – credo di averlo visto – per un momento ha lanciato uno sguardo fugace dentro i pantaloni del pigiama, voleva assicurarsi forse che fosse stato tutto un sogno. E avevamo sognato quella notte lo stesso sogno, ce lo siamo raccontati in bagno, guardandoci allo specchio (eravamo sempre più somiglianti!): avevamo immaginato che Regina venisse ad arrestarci, invece dell'abito da poliziotta italiana, indossava un tailleur azzurro sopra una magliettina aderente bianca, come le investigatrici dei film americani. Ha fatto irruzione nella stanza dove stavamo dormendo con la pistola in pugno, ci ha svegliati e a questo punto i due sogni seguivano ognuno la propria strada, perché nel sogno di Rocco ero io a dormire, mentre viceversa nel mio sogno dormiva Rocco. Lei ha chiesto scusa a entrambi dell'errore perché nel mio sogno voleva arrestare Rocco per furto d'auto e di vestiti, in quello di Rocco avrebbe invece voluto arrestare me per furto di bacio ed eccitazione indebita. In entrambi i sogni però eravamo felici di averla incontrata, felici del suo errore, entrambi avremmo voluto farci arrestare da quella bella bionda con gli occhi verdi e due cosce sode e sicure come quelle della Kournikova. Tutti e due però ci eravamo svegliati proprio sul più bello, quando lei, stanca e delusa per l'errore commesso, sentiva il bisogno di farsi confortare e veniva a stendersi sul letto, al nostro fianco. E proprio quando eravamo sul punto di carezzarle i capelli ci siamo svegliati trovando al nostro fianco ben altro viso che quello di Regina. Dopo aver obbligato Rocco a lavarsi i denti e a farsi una doccia («Ma ce la siamo fatta ieri sera in albergo»), abbiamo scelto fra gli abiti rubati camicie e pantaloni di lino bianco, li abbiamo indossati e abbiamo deciso di andare alla ricerca di Regina. Rocco non voleva: «Non me la sento di tradire mia moglie».

«Ma tu non sai ancora se accetta il tuo invito a cena e già parli di tradimento?!»

«Invito a cena?»

«E dove la vuoi invitare, a prendere un panino?»

«Forse sarebbe meglio, più informale...»

«Magari da McDonald's, 'nu bellu sasicce cu 'o chècciap! Doie scelletelle 'e pullaste, 'na bella patana fritta che sape 'e petrolio...»

«Dove la devo invitare?» mi ha chiesto rassegnato.

Gli elencai tre o quattro ristoranti fra i più rinomati. «Scegli.»

«Ma costano un occhio!»

«Senti Rocco, la vita costa, la felicità pure, non dar retta a quelli che dicono che si accontenterebbero di due uova all'occhio di bue, lo dicono per due motivi: perché sono già allenati alla felicità, la conoscono, quindi hanno bisogno soltanto della loro fantasia, dei loro ricordi; oppure sono tirchi, e questo secondo caso è il tuo. Perciò, se vuoi che torniamo insieme, se vuoi che Regina si interessi a te con maggiore curiosità, se vuoi suscitare in lei un minimo di gelosia o di turbamento, ti devi decidere a spendere questi cento-centocinquanta euro per la cena.»

«Centocin... ma so' trecientomila lire! E se io non mangiassi?»

«Fai mangià sulo a essa? E tu che fai mentre mangia, guardi? E magari fai pure l'acquolina in bocca dalla fame e le chiedi solo di assaggiare, giusto per capire come hanno cucinato...?»

«Vado già mangiato, così non mi viene l'appetito.»

«Senti, lasciamo perdere, io mi trovo un altro, lasciami andare per conto mio.»

«E dove vai? Devi trovare un altro nelle mie condizioni.»

«Eh? Il mondo è pieno di gente che mi accoglierebbe a braccia aperte e poi io sono uno spirito libero, non me ne frega niente del posto fisso, sono per la flessibilità.»

«Dove la troviamo Regina?».

Si era deciso a lanciarsi nella nuova avventura, aveva paura di perdermi e anche questo era un segno del suo cambiamento.

«Andiamo al commissariato» gli ho detto. «Tanto dobbiamo andare a testimoniare per il furto dell'auto.»

E siamo usciti di casa. Rocco non aveva nemmeno guardato le bollette, come faceva tutte le mattine, dal momento in cui gli arrivavano al giorno in cui le andava a pagare. Stava diventando un uomo libero!

Quando si sono aperte le porte dell'ascensore al nostro piano, ci siamo ritrovati di fronte il commissario. Sembrava sconvolto: «Dobbiamo restituire tutto!».

«Tutto che?» gli abbiamo chiesto in coro.

«La refurtiva. Ieri sera hanno cacciato Satò dal negozio, se la sono presa con lui. Mi ha chiamato al commissariato, fortuna che mi ha trovato ancora là... il poveretto era disperato, diceva che il proprietario del negozio lo aveva accusato di essere d'accordo coi ladri, che lo avrebbe fatto arrestare...»

«Dove sta adesso?» gli ho chiesto.

«Giù in macchina mia. Sentite se ho pensato bene: diciamo che stanotte qualcuno vi ha riportato la macchina e i vestiti.»

«E perché?»

«Come perché? Per salvarlo!»

«No, dico, perché ce li avrebbe riportati? Un ladro pentito?» ho provato a immaginarmi la scena, ma francamente la cosa mi pareva un po' tirata per i capelli.

«Possiamo dire che abbiamo visto la macchina da qualche parte e che ce la siamo ripresa» ho aggiunto.

«Diciamo che c'ero anch'io, però. Non vorrei fare una brutta figura mentre voi fate la figura degli eroi.»

Era geloso! Incredibile, il commissario si era davvero innamorato di Satò? Ho voluto chiedere spiegazioni a Ciccillo senza che gli uomini ci sentissero. Mentre Rocco e Osvaldo recuperavano gli abiti rubati, Ciccillo mi ha raccontato che, dopo tanti anni, aveva finalmente sentito gli impulsi del suo commissario, gli erano arrivati alla testa come un piacevole effluvio, il sangue gli aveva scaldato la testa come un buon bicchiere di Sassicaia del '96, intenso nel naso e vellutato sulla lingua. E questa sensazione gli era arrivata mentre il commissario difendeva il dolce e gentile e bel tunisino. Non c'era dubbio, Ciccillo era coinvolto dallo stesso sentimento che aveva mandato in tilt i principi morali di Osvaldo Savarese il commissario.

Comunque abbiamo restituito gli abiti al commissario e lo abbiamo lasciato andare dopo avergli chiesto, in cambio del favore, il numero di telefono dell'agente Barra. Ha dovuto accettare e così abbiamo perso il nostro bell'abbigliamento di lino bianco e tutto il resto del prezioso guardaroba che avevamo acquisito con il furto alla boutique del centro.

Adesso bisognava telefonare a Regina.

«E che dico?»

«Anzitutto dici pronto.»

«E poi?»

«Poi chiedi se è lei.»

«E poi?»

«Ma c'aggia fa', 'a telecronaca della telefonata? Chiama e dille che vuoi invitarla a cena.»

Quando finalmente si è deciso a comporre il numero di telefono si è reso conto che quello di Regina era il numero di un cellulare e ha subito riattaccato, terrorizzato.

«È un cellulare, quanto mi costa?»

Non gli ho nemmeno dato retta, ho solo fatto capire che me ne stavo andando, che lo avrei lasciato per sempre. Ero veramente stufo.

Ha rifatto il numero e qualcuno ha risposto.

«Parlo con la signorina Barra?»

«Cerca di essere più informale» gli ho suggerito a bassa voce.

«Sono Rocco Pellecchia... ci siamo conosciuti ieri... Eh, sì... No, non me la sono presa, anzi... Mi è piaciuto... Lo schiaffo? No, il morso... A proposito di morso, perché non andiamo a dare un morso in qualche bel ristorantino...» E ha visto me che lo correggevo: «Boccone, non morso, boccone...».

«Sì, volevo dire boccone, scusi... Ah, ci vogliamo dare del tu? Va benissimo... anche stasera... A che ora?» Mi ha guardato per avere un suggerimento, gli ho fatto segno con le dita, prima il segno del due e poi quello dell'uno, volendo significare le ventuno, e invece Rocco ha tradotto: «Evviva il primo!».

«Ma che dici!» Non ci potevo credere. E gli ho rifatto il segno.

«Vittoria prima.»

Regina all'altro capo deve avere capito piazza Vittoria e deve avergli detto che il luogo dell'appuntamento andava bene, ma deve aver richiesto l'ora dell'appuntamento. Rocco, dopo aver tappato il microfono col palmo della mano, mi ha guardato e mi ha detto: «Vuole sapere l'ora».

«È un'ora che ti faccio segno, deficiente!», e gli ho fatto il segno di prima per spiegargli appunto che potevano vedersi alle... ma lui mi ha preceduto e, riprendendo la comunicazione con Regina, ha detto: «Le tre va bene?».

«Ma che tre, le ventuno!» gli ho urlato, e Regina deve avermi sentito perché Rocco si è affrettato a dire: «No, è il televisore acceso. Okay per le ventuno, ciao.» E per la prima volta, da quando aveva lasciato l'adolescenza, Rocco Pellecchia stava di nuovo provando un'emozione forte che gli faceva tremare il cuore e gli ricordava di essere ancora un uomo vivo.

La moglie del geometra Canetti

Ora bisognava prepararsi alla serata e, quanto all'abbigliamento, eravamo al punto di prima. Siamo andati a dare un'occhiata al guardaroba di Rocco e come era accaduto nel caso del frigorifero, ho avuto la stessa fotografia della situazione familiare del mio ex titolare: tutto l'abbigliamento di Rocco era contenuto nel comò. Anzi, i cassetti erano quattro ma gli abiti, diciamo così, di Rocco occupavano solo l'ultimo. C'erano sei paia di calzini, due neri, due blu e due bianchi corti! Tutti avevano almeno cinque anni di vita, i blu e i neri erano spaiati tra loro nel senso che almeno un blu era finito con un nero e viceversa.

«E questi come te li metti?» gli ho chiesto sconsolato.

«Perché, che ci hanno che non va?»

Rocco era sinceramente meravigliato della mia preoccupazione.

«Tanto so' calzini, mica li vede!»

«Ma che razza di ragionamento! E se andate a letto?»

«Che fa? Quando andrò a coricarmi, mica ci sta pure lei!»

«Intendo dire: e se andate a letto insieme?»

Non ci aveva proprio pensato. È rimasto in silenzio, poi mi ha chiesto: «Posso andare a letto con lei pure senza di te?».

Effettivamente aveva ragione, l'ipotesi di andare a letto con lei era alquanto improbabile, anzi impossibile. A meno che...

«A meno che...» gli ho fatto notare, «... a meno che non sia io ad andare a letto con lei. Al buio, non credo che se ne accorgerebbe.»

«E a me che me ne viene?»

«Ma non hai ancora capito che io e te siamo la stessa cosa?»

Non mi sembrava molto convinto.

«Comunque è inutile anticipare i tempi, vediamo prima se riusciamo a conquistarla e poi...»

Decidemmo di salire al settimo piano, a casa del geometra Canetti, un uomo della stessa corporatura di Rocco ma di gusti decisamente più raffinati. Saremmo andati su insieme, io invisibile. Avrebbe trovato una scusa, qualcosa da decidere alla prossima riunione condominiale, tipo l'assegnazione dei millesimali dell'acqua, materia in cui Rocco avrebbe potuto competere anche con uno scienziato.

Mi sono infilato la maschera e abbiamo raggiunto l'appartamento di Canetti. Abbiamo suonato il campanello e dopo pochi secondi, durante i quali ho dovuto ripetere a Rocco di stare tranquillo, hanno aperto la porta.

Era una donna dall'aspetto assai provocante, di una bellezza piuttosto ordinaria ma comunque attraente. I capelli castani, forse tinti, tendevano al ramato, e l'abitino morbido e svolazzante sottolineava il disegno sinuoso del corpo e il seno prosperoso. Doveva avere una quarantina d'anni, molto ben portati anche grazie – probabilmente – a qualche attenzione nella dieta e a qualche ora della settimana trascorsa in palestra. Insomma, una gran bella donna. Chissà che sfogliatella doveva avere una così! Meglio non pensarci adesso, però. Avevamo altro da fare.

E così, mentre Rocco intraprendeva la sua discussione con Geraldina, questo il nome della moglie di Canetti, io mi sono avventurato in camera da letto, alla ricerca del guardaroba del geometra. Le voci mi giungevano ovattate adesso che mi ero allontanato dall'entrata. Parlava di più Geraldina e il tono della sua voce mi sembrava un po' alterato, ma non in senso negativo. Come di chi avesse tanto bisogno di parlare e finalmente avesse avuto l'opportunità di sfogarsi.

Io intanto avevo finalmente trovato l'armadio in cui erano allineati in perfetto ordine gli abiti maschili. Avevo solo l'imbarazzo della scelta. Ne presi uno in fresco lana grigio antracite per Rocco, e per me un paio di jeans e una camicia di lino blu notte col colletto a punte larghe. Uscendo mi accorsi che le voci che avevo lasciato all'ingresso adesso si erano trasferite in un altro punto della casa. Il tono della chiacchierata mi sembrava cambiato. Ora mi pareva lamentoso, soprattutto quello di lei. Man mano che mi avvicinavo potevo capire quello che si stavano dicendo. No, non parlavano dell'acqua. Lei gli stava chiedendo qualcos'altro e Rocco cercava di frenarla.

«Mio marito non mi ama più, crede che io non sia più una donna desiderabile... Mi dica la verità, lei non mi trova desiderabile?»

«Certo signora, ma non è questo... Io non posso spiegarle come mi sento... Io sono in una situazione per cui non posso...»

«Certo, mi rendo conto» diceva la signora cercando di riconquistare la propria dignità. «Lei è un uomo sposato e non tradirebbe mai sua moglie. Lei è una persona perbene. Mio marito invece non la pensa così. Lui fa quello che gli pare, è lui che porta i soldi a casa. Io insegnavo educazione fisica al liceo classico e lui ha voluto che lasciassi il mio lavoro per gelosia, aveva paura che i ragazzi... Sa, lei adesso mi vede così, ma io ero una bella donna...»

«Lo è ancora!» non ho potuto fare a meno di commentare ad alta voce.

Lei, come quella bravissima attrice, credo Gloria Swanson in *Viale del tramonto*, con la stessa espressione ormai persa in un mondo parallelo, ha guardato verso di me, come se mi potesse vedere, e ha detto: «Vede, signor Pellecchia, sento anche le voci ormai... Sto diventando pazza».

«Ma no, non è pazza.»

Rocco le avrebbe volentieri rivelato il trucco pur di rincuorarla. Allora mi è venuta un'idea.

Mi sono vestito con gli abiti del marito, mi sono tolto la maschera e ho fatto segno a Rocco di uscire. Lui con una scusa ha salutato la signora, che non voleva lasciarlo andare e lo tentava con limoncelli e cherry-brandy, ed è uscito di casa. Io intanto mi stavo vestendo. Ho sentito lei che andava in cucina e si riempiva un bicchierino con uno di quei liquori dolci che aveva offerto all'ospite. Poi è tornata in salotto e ha messo un CD nel lettore. Era Bach, ci pensate?, la signora Canetti ascoltava i *Concerti brandeburghesi*! Una vera sorpresa. Entri in una casa, vedi una signora un po' discinta con le zizze prosperose, e subito pensi a una donna facile, di quelle che non aspettano altro che un bel maschione senza cervello, magari un po' violento, che le faccia sentire femmine in calore e invece... Quella donna aveva solo bisogno di dolcezza, di affetto, ma ancor più di stima. Voleva la stima del marito perché lo amava. Per lui aveva rinunciato alla propria indipendenza, per lui aveva deciso di non offrire ad altri la propria bellezza. E lui come l'aveva ripagata?

Ho chiuso le tende in camera da letto e l'ho chiamata, come potrebbe fare un marito. Lei non ha avuto paura, era abituata alle allucinazioni. È venuta verso di me. Io ero di spalle, con l'abito grigio del marito. Lei adesso era un po' più spaventata: sentiva le voci ma non le era ancora capitato di vedere qualcosa che non c'era. Doveva decidersi a bere di meno. L'ho chiamata con un sussurro: «Geraldi'».

«Sei Tommaso?»

«Perché, aspettavi qualcun altro?» le ho chiesto scherzoso e sempre a bassa voce perché non potesse scoprirmi. Mi sono tolto la giacca. Lei ha lasciato cadere il bicchiere per terra, che non si è rotto, grazie alla moquette. Non riusciva a muoversi, sembrava paralizzata. Le ho chiesto di chiudere gli occhi. Lei lo ha fatto. Mi sono avvicinato al suo viso che nella penombra aveva perduto quelle pieghe leggere dell'età che alla luce del sole avevo notato. Le ho sfiorato gli zigomi sporgenti e mi sono accorto che non era truccata. Era bella davvero. Come poteva avere paura di affrontare la vita senza un uomo!

«Tomma'», la sua voce era quasi esplosa nel silenzio della stanza. Le ho posato le dita sulle labbra e le ho soffiato un «Sssst! Nun parla'!». L'ho baciata, a lungo.

«Scusami per tutto quello che ti ho fatto passare in questi ultimi tempi, ma sono stato molto stressato. Non dare retta a me, viviti la vita come meglio ti pare. Esci, divertiti. E se io ti faccio qualche scenata non ti preoccupare, poi mi passa. Me piace se me fai asci' pazze. Famme asci' pazze 'e gelusia e io ti amerò più di prima.»

L'ho ribaciata, stavolta non per consolare lei ma per fare un piacere a me. L'ho anche stretta forte per sentirne la carne, piena e liscia sotto quel vestitino che le sfuggiva addosso. Non mi è stato difficile farle sentire la passione che mi assaliva. Ma ora dovevo andare, mi stavo surriscaldando... Poteva essere pericoloso, infatti lei mi ha detto: «Me pare che te staie facenno cchiù robbusto».

Sì, dovevo proprio andare.

«Me raccumanno, divertiti, non avere paura della mia vendetta. Io ti minaccio solo per paura, ma invece me fa piacere di avere una moglie che mi fa impazzire. Non mi va di fare una vita in cui tutto è scontato. Ci vediamo stasera. Quando torno fa' finta di niente, come se non ci fossimo visti oggi. Ho fatto un grande sforzo per venirti a dire queste cose, ma non potevo più vederti soffrire così.»

Ho ripreso la giacca, e sono andato via pregandola di non voltarsi a guardarmi.

Quando sono uscito sulle scale ho sentito che spegneva lo stereo. Ho atteso che accadesse qualcosa. Niente. Dopo dieci secondi però mi sono giunte le note di un concerto per pianoforte di Mozart. Sinceramente non ne ricordo il numero, ma di sicuro era qualcosa di allegro.

Lo scambio

Siamo arrivati in piazza Vittoria che non erano ancora le otto. Bisognava aspettare almeno un'ora, ma tenendo conto che le donne sono proverbialmente ritardatarie...

«Aspettiamola in un bar.»

«Altri soldi da spendere?»

«E dove vorresti andare per un'ora?»

«Potremmo andare a guardare le vetrine.»

«Andiamo a comprare i fiori per Regina, non ci possiamo far trovare a mani vuote.»

«Ma già offriamo la cena!»

«Ma si' venuto c'a calcolatrice? Rilassati, dev'essere un'avventura divertente. Alla fine faremo i conti, se avremo sforato sul budget che ti ha assegnato tua moglie, allora vuol dire che risparmieremo su qualcos'altro da domani in poi...»

Scegliemmo – o meglio, scelsi – le peonie. Erano i fiori più costosi quindi i più belli, perché non c'è niente da fare, come dice il proverbio: "Tanto spienne, tanto appienne". Erano appena azzurrate, diciotto peonie che avrebbero fatto una gran bella figura accanto agli occhi della dolce Regina. Pagammo trentasette euro, l'egiziano che le vendeva era molto sorridente, al contrario di Rocco che quasi piangeva.

«Certo, dopo avere speso tutti questi soldi, non è che ci possiamo accontentare di un solo appuntamento.»

«E che ti credi che fa, la prostituta?»

«Nooo, voglio dire che se poi dovesse andare bene, sarebbe un peccato finire qua questa... diciamo relazione.»

«Se lei ti piace perché dovrebbe finire qua?»

«E come si fa con Rita?»

«Rita nemmeno se ne accorgerà.»

«Ti credi tu, quella è una detective. Figurati che una volta si accorse che in casa con mia figlia...»

«Nostra figlia» lo corressi.

Non sembrava convinto ma ci pensò un po' su e poi continuò: «Con... nostra figlia... c'era stato un uomo perché sotto il divano, sotto la base, c'erano i segni dei talloni che poteva aver fatto solo un maschio. Oh, quello era vero.»

«Non farti prendere dalla paura adesso. Andiamo a mangiare, godiamoci la serata e poi si vede.»

«Ma tu tornerai con me dopo?»

«E per forza. Almeno spero che con un forte coinvolgimento emotivo...» Mi bloccai. Perché vidi in lontananza una figura snella e dall'andatura leggermente infantile. Non ero sicuro ma... Anche Rocco se ne accorse perché esclamò: «Mamma mia, è bella pure da lontano!».

«Veramente si dice che una donna è bella quando anche la vicinanza non ne mostra i difetti. Altrimenti vale l'espressione che si usa a Napoli: "È 'nu quadro 'e luntananza", per dire che una donna è bella solo da lontano.»

A furia di queste inutili chiacchiere, Regina era ormai a pochi passi da noi. Mi accorsi appena in tempo che ero senza maschera. La infilai velocemente e sparii, ma lei doveva aver visto qualcosa perché subito dopo si stropicciò gli occhi come farebbe un'astigmatica che vede le figure sdoppiate. Si avvicinò a Rocco con un sorriso radioso e con una tenerissima inflessione siciliana disse: «Scusa, sono arrivata in anticipo».

Anche Rita all'inizio della relazione con noi arrivava in anticipo. Perciò mi piaceva tanto. Poi non è che fosse diventata ritardataria, semplicemente lei e Rocco non si erano più dati appuntamento, avveniva tutto come in una catena di montaggio. Lei usciva con lui al mattino per portare i ragazzi a scuola, lui andava a riprenderla il pomeriggio dalla mamma di lei. Poi, quando fu trasferito a Napoli, i ragazzi erano già grandi, quindi lui e Rita si vedevano solo al rientro di Rocco a casa, la sera, dopo il lavoro. Sempre alla stessa ora. Erano almeno ventidue anni che non si dicevano: «Ci vediamo nel tale posto alla tale ora». Mentre riflettevo, Rocco e Regina si erano già avviati. Lui le aveva offerto le peonie.

«Sono le mie preferite.»

«Me lo sentivo» aveva risposto il bugiardo. Quando le avevo comprate non ne conosceva nemmeno il nome.

«Dove mi porti a mangiare?»

«Ho prenotato un posto molto carino. Prendiamo un taxi.»

«T'avessa veni' 'na mossa?» gli dissi nell'orecchio. Lui mi scacciò spingendomi via con la mano.

Prendemmo il taxi. Io sedetti davanti, ma ero girato all'indietro per tenere la situazione sotto controllo. I due si guardavano e si sorridevano.

«Che cosa fai tu?» lei gli chiese.

«In che senso?»

«Che lavoro?»

«Ah, sono il responsabile dell'area produttiva delle manifatture del tabacco del Stato.»

Detto così sembrava un lavoro di livello superiore. Rocco voleva dare a vedere di essere all'altezza di un amministratore delegato, ma in realtà era solo un impiegato di terzo livello. Questo però potevo lasciarglielo passare.

«E... sei impegnato?»

«Mah, diciamo che mi tengo libero solo la domenica, ma a volte anche la domenica...»

«Deve controllare le bollette...» non potei trattenermi, e lui a ruota: «... devo controllare le bollette».

«Le bollette?»

«Sì...» si affrettò lui a correggersi guardando in cagnesco verso il sedile anteriore dove solo lui sapeva che stavo seduto. «Sai, ho anche la responsabilità della gestione quotidiana dell'azienda.»

«Mamma mia», lei era ammirata da cotanta responsabilità. Non c'era dubbio, Rocco stava commettendo l'errore che commettono tutti i maschi quando corteggiano una donna: stava vendendo un prodotto che non esisteva. Trattava Regina come una cliente, faceva il piazzista di se stesso. Con il rischio – grande – che si corre quando ci si comporta così: che il tempo avrebbe poi smascherato il trucco e la donna, delusa, lo avrebbe scaricato.

«Io veramente volevo sapere solo se sei impegnato... sentimentalmente.»

Rocco non voleva rispondere. Ero terrorizzato: non aveva mica intenzione di nascondere a Regina il fatto di essere sposato?

«Sì, sono sposato» disse per fortuna, ma aggiunse «Però sono in crisi.»

Anche questo era vero, ma io al posto suo l'avrei taciuto, almeno fino a quando non fossi stato sicuro di avere un futuro con lei.

Arrivammo al ristorante prima che lui potesse commettere qualche altra sciocchezza.

Il direttore di sala chiese a Rocco se aveva la prenotazione. Lui non rispose, non capiva nemmeno cosa potesse significare quella domanda. Per fortuna avevo prenotato io, a nome mio. Glielo suggerrii.

«Tronchetto» disse, e il signore lo guardò stranito.

«Prego?»

«Ha prenotato Tronchetto, Della Felicità Tronchetto, il mio segretario.»

«Nun t'allarga'» gli dissi, sempre a bassa voce.

Il maître controllò in un quaderno e poi fece cenno di aver trovato la prenotazione. «Tavolo sette, da quella parte, godrete di una bellissima vista, come mi era stato richiesto.»

Regina era raggiante, evidentemente anche lei non era mai stata in un posto simile. Non so come, ma mi sentivo in colpa io adesso. In colpa nei confronti di Rita, dei nostri figli che nemmeno avevano mai visto un posto simile. Ecco, questo per me si poteva definire tradimento: dare ad altri quello che si nega alle persone amate. Ma a Rocco non lo confessai, ero troppo eccitato dalla situazione e poi, pensai, c'è sempre modo di rifarsi con la moglie.

I due si erano seduti, uno di fronte all'altro. Io sollevai leggermente la sedia affinché il movimento non fosse percepito da altri e mi sedetti tra loro. Avevo una fame allucinante. Il maître portò due menù e salutò Regina con un sorriso. Rocco le chiese se per caso lo conoscesse. Poi si mise a leggere e dalla sua espressione capii che era molto colpito dai prezzi. Lei non leggeva, era troppo preoccupata di non fare brutte figure con quei clienti così chic... (A lei sembravano eleganti, ma sinceramente a me parvero in gran parte cafoni arricchiti.)

Il maître arrivò all'improvviso, facendomi sobbalzare perché, non vedendomi, mi urtò col suo tronchetto che doveva somigliargli molto, un po' come succede ai cani coi padroni. Chiese a Regina se gradisse per caso dell'antipasto.

«Certo» risposi io spinto dalla fame.

Regina credeva fosse stato Rocco a parlare e così anche il cameriere, che rispose: «Bene, ci penso io. E come primo?».

Rocco ne avrebbe fatto volentieri a meno, in previsione del conto, ma stavolta Regina rispose che desiderava un bel piatto di linguine all'aragosta. Le più costose, tanto che Rocco saltò il primo e passò direttamente al secondo.

«Un piatto di asparagi.»

Miserabile tirchio.

«... con una fiorentina al sangue» aggiunsi io, ormai sicuro di non essere scoperto. Avevo voglia di carne.

Regina scelse il pesce, lasciando presagire una serata piuttosto calda con tutto quell'afrodisiaco. Il direttore di sala ci lasciò soli dopo aver annotato anche la scelta di due sorbetti, parola che Rocco non conosceva ma di cui gli piacque il fatto che fosse una specie di diminutivo, il che faceva prevedere un prezzo più basso.

Io mi alzai e intanto che loro chiacchieravano mi avvicinai al tavolo degli antipasti. Dopo aver ingurgitato due forchettate di peperoni rossi spellati e gratinati al forno, cercai la parmigiana di melanzane che avevo adocchiato quando ero entrato, ma... il piatto era già vuoto! Mi diressi verso la cucina e, approfittando che Regina non mi poteva vedere, mi tolsi la maschera e mi resi visibile al maître per chiedergli dove fosse finita la parmigiana di melanzane.

«Mi dispiace signore, è finita. Lei ha ordinato antipasto di mare, se non sbaglio.»

«Io?»

«Tavolo sette.»

Mi aveva scambiato per Rocco. Ormai ci somigliavamo come due gemelli, chissà cosa diavolo stava succedendo ancora ai nostri corpi. Ringraziai il signore per la gentilezza e mi allontanai. Indossai di nuovo la maschera e tornai al tavolo: tutto filava liscio, troppo liscio. Tanto che mi sentii in dovere di vivacizzare un poco la serata, e accarezzai Regina dietro la nuca: la sua pelle fu percorsa da un brivido. Poi scesi più in basso e le toccai il ginocchio scoperto. Lei credette che fosse Rocco e gli sorrise, sollevando il piede e sfiorandogli a sua volta la caviglia. Rocco si guardò intorno, cercandomi. Non sapeva cosa fare. Gli sussurrai all'orecchio di continuare così, che Regina mi sembrava proprio cotta.

«Mi ha toccato la caviglia» mi disse piano. Ma Regina lo sentì: «Come hai detto?».

«No, niente...»

Arrivarono le linguine, succulente e fumanti, con una mezza aragosta adagiata su un lato del piatto. Lei cominciò a mangiare mentre a lui portavano la fiorentina. Non resistetti, afferrai con la bocca, succhiandola, un'estremità di una linguina mentre lei stava facendo la stessa cosa all'altra estremità. La linguina appariva dritta adesso, così che Rocco capì cosa stava succedendo e, preso dalla gelosia, diede un colpo al filo di pasta facendolo cadere nel piatto prima che le nostre labbra potessero unirsi in un bacio erotico-gastronomico.

«Smettila!» mi disse.

Regina, credendo che Rocco ce l'avesse con lei, disse: «Scusami, non volevo, pensavo fosse uno dei tuoi trucchi, come l'altra volta in macchina».

«Che ne dici se andiamo a casa?» propose lui.

«Ma se non abbiamo nemmeno cominciato a mangiare!» esclamammo in coro io e la poliziotta.

«Questo posto non mi piace. E poi... ho voglia di stare un po' da solo con te.»

Lei sorrise, lusingata, e si alzò. Lui fece lo stesso.

Incredibile, stavano lasciando tutto quel ben di Dio sulla tavola. Non potevo permetterlo.

Rocco chiese il conto mentre io cominciavo a ingozzarmi di linguine e al contempo azzannavo la bistecca.

Rocco andò a pagare alla cassa. Il maître si precipitò verso di lui per chiedere se c'erano dei problemi.

«No» disse Rocco, «non abbiamo mangiato perché ci è passato l'appetito.»

«Non erano di vostro gradimento le pietanze?»

«Guardi, non abbiamo assaggiato nulla.»

La signora alla cassa chiese al direttore di sala se bisognava comunque mettere in conto ai clienti quanto avevano ordinato, allora lui venne al tavolo e trovò i piatti ben ripuliti: avevo fatto anche la scarpetta. Rocco non sapeva come spiegare la cosa e, imbarazzato, provò a dire: «Guardi che non siamo stati noi».

«E chi è stato, un fantasma?» domandò ironico il maître.

Rocco nemmeno gli rispose, pagò e uscì.

Camminammo a piedi: Rocco e Regina mano nella mano come due fidanzatini, io dietro di loro, che premevo perché si arrivasse al dunque. O almeno a una serie di baci, qualcosa... Macché. Si guardavano e sorridevano.

Fu lei a prendere l'iniziativa.

«Perché non sali da me?»

«Veramente non posso.»

Come non posso, brutto idiota, perché non puoi?

«Io non sono... pronto. È come se mi mancasse qualcosa... un pezzo.»

Mi aveva chiamato «un pezzo»! Roba da matti. Ma non capiva che se fosse salito su da lei ci avrei pensato io, al buio, ad accontentarla? O forse era proprio questo che lo impensieriva: era geloso!

«Sei molto serio, questo mi fa piacere.»

«Devo prima chiarire un po' di cose con... qualcuno.»

«Tua moglie?»

«In un certo senso.»

«Sei proprio una bella persona.»

Oddio, avevo il voltastomaco. Per fortuna arrivammo sotto casa di lei e i due si salutarono dandosi appuntamento per l'indomani.

«Hai esagerato» gli dissi. «Così la illudi. Perché non le dici che si tratta solo di un'avventura?»

«Perché non è così, io mi sono innamorato.»

«Dai, non dire sciocchezze.»

Mi interruppe aggredendomi.

«Mi hai stufato! Non sei tu che mi hai messo in questa situazione? Non sei tu che mi hai fatto vedere tante cose che io non riuscivo più a vedere? Non sei tu che mi hai chiesto più coraggio, non sei tu che volevi più emozioni? E adesso eccotele le tue emozioni! Io sono innamorato. Se mi vuoi seguire bene, se no...» e se ne andò verso casa lasciandomi a bocca aperta.

Mi aveva ferito, ma nello stesso tempo non potevo negare di aver visto finalmente un nuovo Rocco, che forse mi piaceva di più ma che probabilmente aveva meno bisogno di me.

Arrivammo a casa in silenzio, ci mettemmo a letto senza dirci una parola. Solo io, prima di chiudere gli occhi, gli dissi: «Sarà meglio che avverti tua moglie».

Epilogo

Mi svegliai il giorno dopo con il mal di testa, di quelli sordi, che vanno e vengono, che pulsano... Mi girai sul fianco per riprendere sonno, quando mi accorsi di essere solo: Rocco non c'era! Guardai meglio e mi resi conto che quella non era la camera da letto dove mi ero addormentato la sera prima... Sembrava piuttosto la stanza di un ospedale. Forse stavo ancora sognando. Mi diedi una stropicciata agli occhi, ma l'impressione non cambiò. Cercai di rammentare cosa fosse successo la sera prima, ma i ricordi erano confusi... Eravamo andati a letto, io e Rocco, non riuscivo a prendere sonno, forse avevo esagerato a tavola. Eppure non avevo problemi allo stomaco, era solo la testa che mi faceva male. Che fosse stato il vino... Ma mi pareva di non aver bevuto... E avevo addosso un pigiama diverso dalla sera prima.

Provai a chiamare: «Rocco! Rocco!», ma lui non rispose. Feci il tentativo di sollevarmi nel letto ma mi accorsi di essere molto stanco. Sul comodino di fianco c'erano dei giornali. Ne presi qualcuno, erano riviste di moda. Sulla prima c'era una ragazza con la pelliccia e il cappello di lana, sulla seconda spiccava un paesaggio imbiancato che faceva da sfondo al bellissimo seno di un'attrice famosa. Ma come mai nel mese di agosto? Guardai le date e... oh, mio Dio! Quei giornali appartenevano al futuro, erano giornali che sarebbero usciti tra quattro mesi, nel dicembre del 2002! Come mai si trovavano lì, su un comodino che non era nemmeno il mio, in quello che sembrava essere un ospedale? Vuoi vedere che sono diventato il pisello di un altro? Magari di un medico! Volevo vedere Rocco, stavolta ero io ad avere bisogno di lui.

Finalmente la porta si aprì, ed entrò una donna. Era una ragazza non bella, piuttosto anonima. Doveva essere un'infermiera. Provai a chiederle qualche informazione, ma lei saltò su spaventata al suono della mia voce, come se non si aspettasse di sentir parlare qualcuno. Poi mi guardò, mi venne vicino e mi sorrise accarezzandomi la testa (non sapeva, lei, chi stava accarezzando!). Quindi uscì dalla stanza senza dirmi nulla. Rientrò un paio di minuti dopo con altre persone, e uno che doveva essere il dottore disse: «Come andiamo, signor Pellecchia?».

Signor Pellecchia! Allora ero davvero diventato uguale a lui.

«Credo che ci sia un equivoco, dottore, io non sono Pellecchia.»

Il dottore guardò gli infermieri e spiegò: «È normale, dopo tanti mesi in coma, può succedere che il paziente abbia qualche disfunzione a livello mnemonico».

«Ma quale disfunzione? Guardi che io ieri sera sono andato a letto con Rocco ed era il 16 di agosto.»

«Bene, ricorda perfettamente la data. Lei è stato trovato in stato di incoscienza nel suo letto, il giorno 17, che tra l'altro era pure un venerdì...»

«Guardi che deve esserci un errore. Io mi sono addormentato regolarmente.»

«E durante la notte deve avere battuto la testa da qualche parte. Potrebbe anche essere stato un ladro, ma dalla sua abitazione non manca nulla, almeno così sostiene sua moglie.»

«Mia moglie? Rita?»

«Bravo, cerchi di ricordare, vedrà che pian piano riusciremo anche a ricostruire che cosa le è successo quella notte. Intanto ringrazi il cielo per il risveglio che sembrava francamente improbabile. Adesso la terremo sotto controllo ancora per qualche giorno e poi la rimanderemo a casa. Abbiamo anche avvisato sua moglie. Sta venendo.» Poi, rivolto agli infermieri: «Mi raccomando, non deve stancarsi», e uscì seguito da tutto il gruppo. Rimase solo l'infermiera, che cominciò a preparare un'iniezione.

«È contento di essere tornato tra noi?» mi chiese. Non le risposi e lei continuò. «All'inizio del coma, ogni tanto parlava, poi più niente.» Il suo napoletano era molto cantilenante, segno che veniva dalla provincia.

«E cosa dicevo?»

«Parlava di un tronchetto... di Rocco... diceva: "Non lo fare, non lo fare!". Poi ha parlato anche di una maschera...»

«La maschera!» Dov'era la maschera? «L'avete trovata?»

«Che cosa?»

«La mia maschera.»

«C'avevate una maschera per la notte quando avete preso la botta?»

«Ma no, la maschera che mi fa scomparire.»

«Ah sì, c'avevate la maschera magica?» Il tono adesso era quello che usano le persone meno istruite per trattare con i malati di mente, il tono vagamente sadico di chi si sente fortunato rispetto a chi soffre.

«Mi lasci solo, per favore.»

«Dobbiamo fare l'iniezione.»

«Che iniezione?»

«Il ricostituente.»

«Non so se la posso fare.»

«E perché no? L'ha detto il dottore.»

«Ma il dottore non sa chi sono.»

«Chi siete siete, il ricostituente mica vuole la carta d'identità!» E rise della propria battuta.

«Faccia venire il dottore, per favore.»

«Sta facendo il giro dei malati.»

«Io devo spiegarvi chi sono, le cure potrebbero essere sbagliate.»

Ma lei nemmeno mi ascoltava, dondolava la testa in segno di bonaria disapprovazione per il mio comportamento.

L'iniezione era pronta: «Si abbassi i pantaloni».

«Senta, infermiera, io le devo dire chi sono... Io sono il tronchetto della felicità.»

«Ma che bello!», sempre come se parlasse con un povero scemo.

«Io sono l'inquilino del piano di sotto di Rocco Pellecchia, se rintracciate lui, vi chiarirà tutto.»

«Va bene, va bene, però adesso stia buono e mi lasci lavorare.»

Non potevo fare nulla in quella situazione, nessuno mi avrebbe creduto, figurarsi quella beota. Mi lasciai fare l'iniezione. Poi, finalmente uscì dalla stanza salutandomi con un ironico: «Ciao Tronche'», e rise di gusto.

Rimasto solo, mi misi a pensare, volevo ricordare... Avevamo litigato perché lui si era preso una cotta per Regina. Io volevo che ne parlasse alla moglie. Poi ci siamo addormentati e... aspetta aspetta... forse allora quello non era un sogno.

Finalmente entrò Rita, che mi avrebbe chiarito ogni cosa. Lei doveva sapere che io non ero...

«Rocco, finalmente te si' scetato!», e mi abbracciò. Un abbraccio caloroso, di persona che ti vuole bene davvero, un bene fatto di anni di sacrifici e di convivenza quotidiana, un affetto che sapeva di speranze e di rinunce, di rancori e di passioni, un amore pieno di paure e di solitudini, fatto di compagnia e di abbandoni, di figli che studiano e figli che ti tengono col fiato sospeso, di scelte e di rassegnazioni. Si mise a piangere, mi pianse sul petto. Non potei fare a meno di carezzarle i capelli, di sollevarle il viso e di assaggiare quelle lacrime che sapevano di sale.

Lei si meravigliò, non credo che Rocco l'avesse mai trattata così. Le aprii le labbra e la baciai. Lei, all'inizio non rispose al mio approccio, ma poi si lasciò andare e mi risucchiò in una voragine dei sensi, un vortice in cui erano spariti anni e anni di desiderio, di sensualità, di amor proprio... Senza parlare lei si spogliò sfilandosi il vestito, con pudore ma anche con decisione. Non voleva perdere tempo. Non fui io a spogliarmi, lo fece lei. Mi strappò la giacca del pigiama e i pantaloni nemmeno me li tolse. Mi sembrò bellissima. La sua sfogliatella era riccia più del solito. Non riuscivamo nemmeno a parlare, le parole erano interrotte dai baci. Riuscii solo a sentire: «Come sei cambiato, amore mio!».

Due giorni dopo ero già a casa. Il dottore si era meravigliato della mia capacità di recupero.

Rita mi stava aspettando. Stavolta non si fece trovare in vestaglia, aveva un abitino anni Cinquanta che metteva in risalto le curve. A piedi nudi, come piaceva a me. Ci prendemmo senza avvisarci, non avevamo bisogno di metterci d'accordo per fare l'amore. Ci lasciavamo guidare dal desiderio. Dopo si accese una sigaretta, come non faceva da tempo.

«Hai ripreso a fumare?» le chiesi.

«Avevo fatto un fioretto. Che se tu fossi guarito avrei ripreso a fumare.»

«Un fioretto al contrario. Ti fa male fumare.»

«Fumerò solo dopo l'amore.»

«Allora ti farò fumare un pacchetto di sigarette al giorno!», e ci abbandonammo di nuovo uno nell'altra.

Alla fine le chiesi: «C'era una maschera qui quando mi avete trovato la mattina?».

«Una maschera?»

Rocco me l'aveva fregata. Adesso ricordavo. Quella notte mi ero svegliato e avevo visto una figura nell'oscurità. Convinto che fosse un ladro, gli ero saltato addosso, ma lui, più lesto, mi aveva colpito alla testa. Prima di svenire, adesso ricordo, ero riuscito a vedere la mia maschera nelle mani del ladro. Poi avevo udito la sua voce e avevo pensato che era molto simile a quella di Rocco. Le sue parole furono: «Addio, ho fatto a meno di te per tanti anni, vuol dire che potrò continuare ancora per un po'», e si era allontanato mentre i miei occhi si chiudevano.

Volli fare una passeggiata per schiarirmi le idee. Andai al commissariato, volevo parlare con Osvaldo o con Regina, ma non trovai né l'uno né l'altra. Regina, mi dissero, si era fatta trasferire dopo una delusione d'amore e Osvaldo aveva dato le dimissioni dalla polizia. Se n'era andato in Tunisia da dove ogni tanto mandava una cartolina. Mi fecero vedere alcune cartoline: erano tutte foto che si era fatto scattare nel suo ristorantino sulla spiaggia. Doveva essere delizioso quel posto, pieno di sole e di mare. Accanto a Osvaldo c'era sempre il suo socio, Satò, che gli sorrideva felice e in qualcuna addirittura lo abbracciava.

Forse ho sognato tutto, forse io sono davvero Rocco Pellecchia e ho ricevuto veramente una botta in testa, ma vi giuro che da quando mi sono svegliato la mia vita è cambiata, da così a così. Chiedetelo a mia moglie!

«Sogni e bisogni ...incubi e risvegli»
di Vincenzo Salemme

Arnoldo Mondadori Editore

Finito di stampare nel mese di ottobre 2002
presso Mondadori Printing S.p.A.
Stabilimento N.S.M. di Cles (TN)

Stampato in Italia - Printed in Italy